珍藏本·增订本

纪念版

汉译世界学术名著丛书

论出版自由

阿留帕几底卡①

〔英〕约翰·弥尔顿 著

吴之椿 译

Milton's

AREOPAGITICA

A SPEECH FOR THE LIBERTY OF

UNLICENSED PRINTING

MacMillan and Co., London

1907

汉译世界学术名著丛书
（120 年纪念版·珍藏本）
增订本出版说明

2017 年 10 月，为纪念商务印书馆创立 120 周年，本馆推出“汉译世界学术名著丛书”（120 年纪念版·珍藏本），计七百种。近五六年来，仰赖学界同人倾力支持，订正旧译，增补新译，拓展新著，积累日多。为满足读者需要，本馆在七百种的基础上，继续推出“汉译世界学术名著丛书”（120 年纪念版·珍藏本·增订本）三百种。至此，“汉译世界学术名著丛书”累计出版已达千种。

今后，本馆将继续推进丛书的翻译出版工作，在积累单本名著的基础上陆续分辑刊行，汇印出版。为促进中外文明互鉴、推动我国学术发展，使“汉译世界学术名著丛书”这项对我国学术文化有基本建设意义的重大工程发挥更大作用，诚望海内外学术界、翻译界继续给予支持，帮助我们把这套丛书出得更好。

商务印书馆编辑部

2024 年 2 月

汉译世界学术名著丛书
（120 年纪念版 · 珍藏本）
出 版 说 明

2017 年 2 月 11 日，商务印书馆迎来 120 岁的生日。120 年前，商务印书馆前贤怀揣文化救国的理想，抱持“昌明教育，开启民智”的使命，立足本土，放眼寰宇，以出版为津梁，沟通中西，为中国、为世界提供最富智慧的思想文化成果。无论世事白云苍狗，潮流左右激荡，甚至战火硝烟弥漫，始终践行学术报国之志，无改初心。

迻译世界各国学术名著，即其一端。早在 20 世纪初年便出版《原富》《天演论》等影响至今的代表性著作，1950 年代后更致力于外国哲学和社会科学经典的译介，及至 1980 年代，辑为“汉译世界学术名著丛书”，汇涓为流，蔚为大观。丛书自 1981 年开始出版，历时三十余年，迄今已推出七百种，是我国现代出版史上规模最大、最为重要的学术翻译工程。

丛书所选之书，立场观点不囿于一派，学科领域不限于一门，皆为文明开启以来，各时代、各国家、各民族的思想与文化精粹，代表着人类已经到达过的精神境界。丛书系统译介世界学术经典，引领时代思想，为本土原创学术的发展提供丰富的文化滋养，为推动中国现代学术和现代化进程做出了突出的贡献。

为纪念商务印书馆成立120周年，我们整体推出“汉译世界学术名著丛书”120年纪念版的珍藏本，寄望既利于文化积累，又便于研读查考，同时向长期支持丛书出版的译者、编者和读者致以敬意。

两甲子后的今天，商务印书馆又站在了一个新的历史时间节点上。我们不仅要铭记先辈的身影和足迹，更须让我们的步伐充满新的时代精神。这是商务人代代相传的事业，更是与国家和民族的命运始终紧密相连的事业。我们责无旁贷，必须做好我们这代人的传承与创造，让我们的努力和成果不仅凝聚成民族文化的记忆，还能成为后来人可以接续的事业。唯此，才能不负前贤，无愧来者。

商务印书馆编辑部

2017年10月

位列议会审议厅[2]的先生们可以向共和国的当轴诸公直接进言，但身居草野、没有这种机会的人，如果看到有什么可以促进公益的事情，便只能笔之于书了。我想他们在开始这一不平常的举动时，内心的变化和激动，自然是不小的：有些人怀疑它的结果，另一些人则顾虑将受到某种责难；有些人抱着希望，另一些人则对自己所说的深信不疑。至于我呢，过去由于论述的题目不同[3]，这些心情中的每一种都可能在不同的时候对我发生过不同的影响；在目前这一篇前言中，也可能流露出某种心情对我影响最大；但我在写出这篇演说，同时又想起我所呼吁的人时，便使我内心的支配力量产生了热情。这股热情远比一篇序言所能引起的情感更令人欣喜。我迫不及待地把这一心情表白出来。但我的热情如果是每一个渴望自由并设法促进国家自由的人都有的欢乐和喜悦，那么，我也是无可非议的；下面所提出的演说全文，虽然不能说是这些感情的胜利，但可以说是这些感情的证明。因为我们想获得的自由，并不是要使我们共和国中怨怼从此绝迹，世界上任何人都不能指望获得这种自由；我们所希望的只是开明地听取人民的怨诉，并作深入的考虑和迅速的改革，这样便达到了贤哲们所希求的人权自由

① "阿留帕几底卡"原是希腊大演说家伊索克拉底斯的一篇演说。作者沿用其名。原来那篇讲演的内容是呼吁雅典人恢复旧民主制和阿留波阁来反抗马其顿人。阿留波阁是雅典人的元老院，由于会址在阿列斯(战神)山上，故称阿留波阁。——译注

② 英国议会中审议诉讼案件的一厅，相当于最高法院。——译注

③ 指《论英国的宗教改革》、《政界的主教制》、《论离婚》、《论教育》等等论文。——译注

的最大限度。如果我能够在此冒昧陈词，这一事情本身就证明我们已经在相当大的范围内，获得了那种人权自由，而且获得这一成就时是从以往彻底破坏我们原则的专制与迷信的深渊中，用超过罗马人在光复河山中所表现的英勇达成的；那么，毫无疑问，这首先应当赞美上帝我们的救主的大力庇祐；其次便要归功于英格兰诸位上议员和下议员的忠诚领导和不屈不挠的智慧。如果我们述说善良的人们和高贵的长官们的光荣事迹，上帝并不至于认为有损他的荣耀。你们的光荣事迹已经获得如此巨大的进展，你们不知倦怠的美德已经使全国如此长久受惠，如果我现在才开始述说这些事迹[①]，那么，我在称颂者中便可以公正地被认为是最迟缓和最不主动的一个。尽管如此，有三个主要条件如不具备，一切赞扬就将成为纯粹的谄媚和奉承；首先，被赞扬的事情必须是确实值得称赞的；其次，必须尽最大可能证明被称赞的人确确实实具有被称颂的优点；另外，赞扬人的人如果说明他对被赞扬者确实具有某种看法时，便必须能够证明他所说的并非阿谀。头两件事我已经尽力做过了；从前有人用浅薄无聊和暗藏恶意的颂扬来四处损害你们的功绩[②]，我便把颂扬的工作从他手里接收过来。最后要说明的是我不曾谄媚我如此称颂的人；这主要应由我自己来做，我把它一直保留到今天这个适当的机会再做说明。如果一个人能对你们已经完成的高尚事业坦然地加以赞扬，同时又毫无顾忌地对于你

① 在这篇文章以前作者已写出《为斯麦克挺姆奴斯辩护》以及其他文章，称颂议会。——译注

② 在《为斯麦克挺姆奴斯辩护》一文中，作者曾指斥主教豪尔借颂扬议会来诽谤议会。——译注

们如何能够做得更好的问题同样坦然地表示意见，那么他便已经向你们最可靠地保证了自己的忠诚，并且用最诚挚的爱戴和希望，来拥护你们今后的行动。他最高的赞誉并不是谄媚，而他最平凡的忠言却是一种赞誉；一方面，我将力呈鄙见，说明某一项已公布的法令假如能够撤销，便将更符合于真理、学术和祖国的利益，而且撤销以后，民间就会因此而受到鼓舞，认为你们倾听舆论的劝告胜过以往其他政治家对于公开谄媚的喜悦；这就不能不为你们宽厚和公平的政府增辉。当人们看到，过去别的政府，除了浮华排场以外，并没有任何值得记忆的事情，他们所发布的任何一条临时公告只要有人稍一表示不满，他们便不能容忍；而你们在胜利和成功之中，却能更宽宏地容许人们对于你们投票通过的法令用书面发表反对意见；这样他们就会认识到，三年一届的议会①所表现的宽宏大度，和不久前窃权的主教以及内阁枢密大臣们所表现的猜忌与傲慢相去不啻霄壤。上议员和下议员先生们，我如果能够仰仗你们的温文仁厚、谦恭下人，而对于你们在已经发表的一项法令中硬性规定的条款提出反对的意见，那么如果有人说我标新立异、傲慢无礼，我就能极为容易地替自己辩白。只要他们知道我认为你们如何崇尚希腊古老高贵的人文主义文化，而鄙夷匈奴和挪威人那种骄横的野蛮作风，问题就自然清楚了。我们今天所以还没变

① 作者所属时代英国正由查理一世进行横暴统治，查理王因利害关系曾解散议会。至 1640 年时不得已而重新召开，但未及一月即解散，谓之短期议会。同年 11 月又复召开，直至 1660 年始被解散，谓之长期议会。长期议会早期有一法案规定三年之内至少召开议会一次，每次开会时间不得少于五个月。——译注

成哥特族人和朱特族人[①]，就得感谢那些时代高雅的学识和文学。我可以从那些遥远的时代里，举出这样一个人[②]；他从自己的家里写了一篇文章给雅典议会，劝他们改变当时实行的民主政体。那时研究学问和雄辩术的人在国内外都受到极大的尊敬。如果他们公开地指摘国政，自由城邦和暴君城邦都会欣然地、非常恭敬地倾听他们的意见。例如，代昂・普鲁沙[③]，本是一个外国人和平民雄辩家，他就曾劝说罗得岛人反对一条旧法令。这类的例子简直不胜枚举。完全不必在这里一一罗列。我毕生研究学术，虽出生于北纬 52 度的寒带[④]，幸而天赋并未因此而减色；如果这些都不能得到充分承认，而必须认为我不能和曾经享有特权、可以向当局进言的人相提并论，那么我就要争取使人相信我低于他们的程度并没有诸位议员高于当时接受意见的当轴者那样多。诸位上议员和下议员先生们，请相信吧，你们究竟高出他们多少，最大的证明就是你们以深谋远虑的精神，听取并服从来自任何方面的理智的声音，并因之而乐于把一切议案，不论是自己通过的还是前人通过的，一视同仁地予以取消。

如果诸位已经作了这样的决定(谁要是认为诸位没有作这样的决定便是一种大不敬)，那么，就没有任何东西能阻止我提供一个恰当的事例来证实诸位有目共睹的热爱真理的精神和审议事务

① 公元 5、6 世纪时侵入英国的日耳曼民族。——译注

② 指伊索克拉底斯，参看本书第 1 页注①。——译注

③ 公元 1 世纪时的大雄辩家，诨名“金口若望”。——译注

④ 作者认为人类智慧与气候有关，严寒地带不适于智力活动。此说受到某些人嘲笑。——译注

时不偏不倚的正直精神，这事例就是重新审议诸位制定的《出版管制法》。该法规定：凡书籍、小册子或论文必须经主管机关或至少经主管者一人批准，否则不得印行。关于保护版权以及关于贫民的规定[①]我不想多谈，只希望不要以这些作借口来侵害不曾触犯任何条款细节的人。但关于书籍出版许可的那一条，我满以为在主教们垮台[②]以后就会随同四旬节[③]和婚礼[④]许可等条例一起废除的，现在事实并不如此。因此我要痛切陈词，首先向诸位说明，这法令的订立者是诸位不屑于承认的。其次要说明不论哪类书籍，我们对阅读问题一般应持有的看法。同时也要说明，这法令虽然主要想禁止诽谤性的和煽动性的书籍，但达不到目的。最后，我要说明这一法令非但使我们的才能在已知的事物中无法发挥，因而日趋鲁钝；同时宗教与世俗界的学术中本来可以进一步求得的发现，也会因此而受到妨碍。这样一来，它的主要作用便只是破坏学术，窒息真理了。

我不否认，教会与国家最关切的事项就是注意书籍与人的具体表现，然后对于作恶者加以拘留、监禁并严予制裁。因为书籍并不是绝对死的东西。它包藏着一种生命的潜力，和作者一样活跃。

---

① 英国出版商公会有保护版权及捐款济贫办法。《出版管制法》对此有所规定。——译注

② 1641 年长期议会第一次改革时，得势的清教徒曾提出法案，主张取消主教制，不久贵族院中即取消僧侣阶级。——译注

③ 西俗复活节前 40 天必须守斋，谓之四旬节。英国以往唯有议会法案定为“鱼日”的日子才能吃肉类，谓之四旬节许可。——译注

④ 英国议会曾有法案规定婚姻是一种圣礼，必须由教会批准。但作者根据其“严格的圣经”观点，认为结婚与离婚是一种世俗契约问题，不应由教会干涉。——译注

不仅如此，它还像一个宝瓶，把创作者活生生的智慧中最纯净的精华保存起来。我知道它们是非常活跃的，而且繁殖力也是极强的，就像神话中的龙齿[①]一样。当它们被撒在各处以后，就可能长出武士来。但是，从另一方面来说，如果不特别小心的话，误杀好人和误禁好书就会同样容易。杀人只是杀死了一个理性的动物，破坏了一个上帝的象；而禁止好书则是扼杀了理性本身，破坏了瞳仁中的上帝圣象[②]。许多人的生命可能只是土地的一个负担；但一本好书则等于把杰出人物的宝贵心血熏制珍藏了起来，目的是为着未来的生命。不错，任何时代都不能使死者复生，但是这种损失并不太大。而各个时代的革命也往往不能使已失去的真理恢复，这却使整个的世界都将受到影响。因此我们就必须万分小心，看看自己对于公正人物富于生命力的事物是不是进行了什么迫害；看看自己是怎样把人们保存在书籍中的生命糟蹋了。我们看到，有时像这样就会犯下杀人罪，甚至杀死的还是一个殉道士；如果牵涉到整个出版界的话，就会形成一场大屠杀。在这种屠杀中，杀死的还不止是凡尘的生命，而是伤及了精英或第五种要素[③]——理智本身的生气。这是杀害了一个永生不死的圣者，而不是一个尘凡的生命。当我在反对许可制的时候，不愿让人家说我又在偷运

① 希腊神话中说，底比斯城邦的始祖卡德玛斯建邦时曾杀死一龙，并将其齿种入地下。随即从那里长出许多武士，互相残杀，最后剩下 5 人，成为底比斯的祖先。——译注

② 据《圣经》记载，人是仿照上帝的形象制成的，所以作者说人体是外在的和物质的上帝形象，理智则是瞳仁中内在和非物质的上帝形象。——译注

③ 西俗谓构成世界的四种元素是水、土、气、火。第五元素则是非物质的精英或以太。——译注

武断专横的许可制。我将不厌其烦地从历史上引证古代著名的国家关于制止出版界紊乱情况的办法,然后追溯到这种许可制怎样从宗教法庭中产生出来,再说明它怎样被我们的主教们抓住,同时它本身又怎样抓住了许多长老会的长老。

雅典的书籍和哲人比希腊任何其他部分都要多。我发现雅典的长官只注意两种文字,一种是渎神和无神论的文字,另一种是诽谤中伤的文字。因此,普罗塔哥拉由于在一篇讲演中开头就坦白说他不知道“有没有神存在”,于是他的书便被阿留波阁[①]下令焚烧了,人也被驱逐出境了。至于禁止诽谤方面,也有律令规定不能像《旧喜剧集》[②]一样指名诽谤任何人。从这一点来看,我们就可以猜想到他们是如何限制诽谤的。后来西塞罗写道,事实证明这种办法很快就禁绝了其他无神论者铤而走险的思想和公开的诽谤。至于其他的派别与看法,虽然也倾向于诲淫诲盗或否定天命,但他们都不予注意。因此,我们从没有看到伊壁鸠鲁的学说、昔勒尼学派的放纵无度、昔尼克学派厚颜无耻的说法受到法律的干涉。同时,他们虽禁止旧喜剧派作家的作品上演,但史料上却没有说禁止他们写剧。大家也都知道,柏拉图还介绍他那位君王学者代奥尼苏[③]去读这些喜剧家中最放荡的一个——阿里斯托芬的作品。据说神圣的金口若望每夜都研读这

① 见本书第1页注①。——译注

② 其中有阿里斯托芬等人的剧作。欧里庇得斯和苏格拉底在此书中曾受到阿里斯托芬无情的嘲笑。——译注

③ 叙拉古暴君父子,二人均曾师事柏拉图。此处指其子。读阿里斯托芬喜剧事作者可能是根据撒母尔·柏蒂的说法。——译注

个作家的作品，并且具有一种技巧，能把其中肮脏的激愤话清洗成一种动人心弦的说教，这也是可以理解的事。希腊另一个领袖城邦——拉栖第梦的立法者莱喀古斯非常崇尚高贵的学术，所以便首先在爱奥尼亚搜集了荷马的散篇作品，并从克里特把诗人泰利斯请了来，用他优美的诗歌来驯化斯巴达的乖戾习气，并请他为他们制定礼法。斯巴达人竟然依旧那样缺少诗书礼乐之风，那样没有书卷气，真是令人大惑莫解。他们不管其他的事情，一心只崇尚征战，他们根本不需要书籍许可制，因为他们除开自己那种简短的警句以外，根本不喜欢任何其他东西。他们找了一个很小的借口就把阿奇洛科斯[1]赶出了城邦，原因可能就是他的写作风格离开他们那些军歌和小调太远了。假如说这是因为他那直言不讳的诗[2]，那么事实上他们并没有因此提高警惕，他们在男女混杂的谈话中仍然放荡不羁。欧里庇德斯在他的《安德罗慕奇》[3]一剧中说，他们的妇女全都不贞洁。这些都可以提供线索，说明希腊所禁止的是哪一类的书。罗马人的情形也是一样；在许多年代中他们都习惯于军营的粗野生活，风尚大致和拉栖第梦人相同。他们所知道的学术只是十二铜表法、大祭司团[4]、占卜师、弗拉门[5]所教给他们的宗教和法律事宜，其他

① 派罗斯岛诗人，据云长短句就是他创造的。——译注

② 据云阿奇洛科斯曾写诗讽刺李堪布的女儿（有一个女儿曾许与阿奇洛科斯，后又拒绝），使她们上吊自杀。——译注

③ 希腊神话中女英雄名，赫克托之妻，欧里庇德斯在此剧中发表其厌弃女人的观点。——译注

④ 原系梯伯河上筑桥的监督者，后管理国家宗教事宜。——译注

⑤ 专祠一神的祭司，每天贡献牺牲，但无祭司团。——译注

的事情一点也不知道。当卡尼底斯、克利托累阿斯、斯多葛派的代奥古尼出使罗马[①]时，趁机使这个城尝试了他们的哲学，当时竟连监察官加图这样的人都怀疑他们是煽动者，于是便在元老院中提议把他们立即赶走，并把一切阿提喀[②]的空谈者驱逐出意大利去。但西庇阿和其他高贵的元老制止了他和他那种旧萨宾[③]的严酷作风，反倒对这些人大为优礼。这位监察官本人到老年时也终于学习起他以往口诛笔伐的东西来。同时，最早的两个拉丁文喜剧家涅维优斯和普劳图斯也使这个城市充满了从麦南德和菲勒门[④]那里借来的场面。于是他们也开始考虑如何对付诽谤性的书籍与作家的问题了。不久之后，涅维优斯就因为笔锋过激而被捕入狱，直到他声明收回自己的作品才由护民官予以释放。我们在书上也看到奥古斯都焚烧毁谤性的书籍，惩治诽谤者。如果有人写出东西亵渎了他们所崇拜的神，无疑也要遭到严酷的惩罚。但除开这两点以外，书中到底说些什么，长官从不过问。因此卢克莱茨[⑤]便能不受责难地把他的伊壁鸠鲁学说用诗的体裁写给执政官曼米阿斯。后来又光荣地被罗马的国父西塞罗重新编撰出来，虽然西塞罗在自己的著作中曾反对

---

① 卡尼底斯是斯多葛派的反对者，雅典第三学园的创立者。克利托累阿斯是亚里士多德门下逍遥学派的领袖人物。前者率领后者及代奥古尼于公元前155年赴罗马请求宽免雅典的罚金，并曾于该城以诡辩方式发表演说。——译注

② 雅典城所在的一州，意即雅典式的。——译注

③ 古罗马部族初起时所住的山，加图的田庄也在这里。——译注

④ 希腊喜剧家，麦南德还是新雅典派喜剧的代表人物，他的题材从旧派的政治事务转向日常生活。——译注

⑤ 罗马唯物主义哲学家，曾反对宗教和唯心主义，继承德谟克利特和伊壁鸠鲁的原子论哲学。——译注

伊壁鸠鲁的看法。同时，刘西里阿斯、卡特卢斯和弗拉科斯（贺拉斯）等人[①]虽然曾说过尖刻而露骨的讽刺言辞，但也没有任何命令禁止他们。在国事方面，提图斯·李维虽然在他的史书中极力称颂庞培，但敌党的屋大维·恺撒[②]（屋大维）并没有限制他的书。纳庄（奥维得）[③]老年时曾因早年所作的某些淫荡诗句而被屋大维驱逐出境，但这不过是某些秘密原因的幌子，那本书既没随着被查禁也没被没收。从那时以后，罗马帝国除了暴政以外就很少有其他的东西了。如果我们看到坏书被禁的少而好书被禁的多，那是一点也不稀奇的。关于古人认为哪些作品应受限制的问题，我想以上已经说得十分详细了，其余的便是任何人都能随便议论的事。

往后皇帝都变成了基督徒。我认为他们关于这一方面的限制并不比以前严。所有被认为是大异端邪说的书都经过检查、驳斥，并在大公会议[④]上加以谴责，但直到这时，并没有被帝国当局禁止或焚烧。至于外教作家，除非他们像波非利阿斯和普罗克卢斯那样公开谩骂基督教，否则就没有禁令禁止他们。直到公元 400 年左右，在迦太基宗教会议上，才规定禁止主教阅读外教人的书，但异端邪说还是可以读的。早在他们以前，其他人则是忌讳异端邪

① 刘西里阿斯是讽刺作家的领袖，卡特卢斯是抒情诗人，弗拉科斯即名诗人贺拉斯，以上均罗马时代人。——译注

② 李维在其《罗马史》中描写内战时，对庞培表同情，屋大维（即屋大维·恺撒）登位后只笑称之庞培派，而未加迫害。——译注

③ 罗马名诗人，被屋大维放逐到里海边，原因据说是与宫闱秘密有关。——译注

④ 全世界主教参加的宗教会议。——译注

说的，但不那样忌讳外教人的书。早期宗教会议和主教们只是常宣称某些书不值得推荐或流传，读与不读却由各人的良心决定，一直到公元800年以后才改变。这一情形早就由特里腾（特令托）宗教会议的伟大揭发者保罗（萨比）神甫所指明①。从公元800年以后，罗马教皇就尽情垄断政治权利，想像从前控制人们的判断一样，把自己的统治之手伸出来遮住人们的眼睛。凡属不合他们口味的东西他们都禁止阅读，并且付之一炬。但他们的检查还是较宽的，像这样处理的书并不多。直到马丁五世才下诏书，非但禁止读异端邪说的书，而且首开先例把读这类书的人开除教籍。教廷所以发布较严的禁令，主要由于那时威克里夫和胡斯的书已经震动一时。教皇利奥十世和他的后继者一直遵循着这条路，直到特里腾（特令托）宗教会议与西班牙宗教法庭同时举行时，才产生了或补齐了禁书书目和删节索引，把许多古代优秀作家的五脏六腑都翻一个过。对他们说来，这种侵害比任何人在他们坟上所能做出的侵害都要严重。而且他们还绝不限于异端邪说，任何不合他们口味的东西他们都不是下禁令，便是直接列入新的情况目录。为了使他们的侵害手段更加严密，他们最后还创制一项办法，规定所有的书籍、小册子或论文，不经两三个如狼似虎的修士批准或许可，就不许印行。好像圣彼得把天堂里管印刷的钥匙②也交给了他们似的。我们不妨举些例子来看：

① 保罗俗名萨比，曾为1545—1563年间陆续在意大利特令托召开的宗教会议写出一部历史，史中说明会上曾讨论禁书问题。——译注

② 传说耶稣曾以比喻的方式叫彼得掌管天堂钥匙，意思是让他决定谁该进天堂。——译注

兹命法官齐尼审查本书中有无不可出版之处。弗罗棱萨区

副主教文生·拉巴塔。

此书已经审阅，其中并无妨害天主教信仰及礼教之处，特此证明……

弗罗棱萨区法官尼河罗·齐尼。

根据上述证明，达文札蒂此书可准予付印。

文生·拉巴塔等。

准予付印，7 月 15 日。

弗罗棱萨市宗教法庭法官修士西蒙·芒贝达美利亚。

诚然，他们有一种想法；如果陷在无底深渊中的人没有及早越狱逃跑，那么这四道符咒就能把他关在下面，永世不得翻身。我只怕他们下一步就会把克劳狄乌斯要实行而没有实行的出版许可令抓到手里了。现在请看看另一种形式——罗马的戳记：

如主教府理家批准，即可准予出版。

副摄政，贝尔卡斯特罗。

准予出版。

主教府理家，修士尼河罗·罗道菲。

有时在一篇标题页上就可以发现五条出版许可令，一唱一和地写在上面，就好像几个秃头僧侣在点头互相恭维一样，而作者则只能莫名其妙地站在旁边，不管他那申请书下批的是付印还是退回都是如此。正是这些应答圣歌和可爱的对口曲，在不久之前用它们悦耳的回音把我们的主教及其下属迷住了；于是他们便如法炮制地制定了那种气派十足的出版许可令，把我们弄得晕头转向。

其中一种是从伦伯斯主教府[①]里出来的，另一种是从圣保罗教堂西边[②]出来的。这一切都是死抄罗马，连命令文都是用拉丁字写的。就好像写这命令的那支渊博而讲究文法的笔，落墨就只能是拉丁字一样。他们也许认为任何别的语言都庸俗得不配用来表达这样纯真高贵的出版许可令。但说英语的民族在自由方面的成就是独步古今的。我倒希望他们是因为在英文中找不到那样奴颜婢膝的字来写出这条独断专横的许可令才用的拉丁文。以上我把这书籍出版许可令的制定者和来源向诸位作了清楚的陈述，并条理井然地指出了它的来龙去脉，这种命令在任何古代的国家、政府或教会中都从未听到过。我们自己远近的祖先们遗给我们的法令中也没有这种规定，任何经过宗教改革的城市或外国教会的现代习俗中也没有这样的命令。这是从最反基督的宗教会议和最专横的宗教法庭上发出的。以往书籍和生灵一样，可以自由进入这个世界。心灵的生育受到扼杀并不比身孕的生育受到的多。并没有一个嫉妒的赫拉架着腿[③]在诅咒任何人的心灵子嗣的出生。假如生出来的是一个魔鬼的话，谁又能说不应当把它付之一炬或沉入大海呢？但一本书在出生到世界上来以前，就要比一个有罪的灵魂更可怜地站在法官面前受审，它在乘渡船回到光天化日之下来以前就要在阴森黑暗的环境中受到拉达马都斯那一伙人[④]审判；

① 即坎特伯雷主教府。——译注

② 指书商公会。也有人说是指伦敦主教府。——译注

③ 据希腊神话记载，宙斯之妻赫拉在赫尔克斯出生时曾架着腿坐在门槛上诅咒，以后架腿就成了不祥的象征。——译注

④ 指地狱三法官。——译注

这种事是从未听说过的。直到那个牛鬼蛇神似的罪恶机构（罗马教廷）由于宗教改革而感到心慌意乱，才找出一个新的灵簿狱[①]和地狱，以便把我们的书籍也归入应遭天罚之列。我国想过宗教法庭瘾的主教们，和他们的一批喽啰如获至宝般地、煞有介事地抓住了这小点稀世之珍，并令人唾骂地加以模仿。书籍许可法令的肇事者无疑就是这批人。诸位是绝不会喜欢他们的。当有人渎求诸位通过这一法令时，诸位的原意和他们那种罪恶的企图也是相去不可以道里计的。凡是知道诸位行为如何正直并如何尊重真理的人便可以立即证明这一点。

也许有人会说：制定者虽坏，法令本身如果是好的又有什么不可以呢？也许是这样。但如果不把它说成是这样的一个奥妙的发明，而用人人都能明白的方式说出来；同时，事实上古往今来一切法度清明的共和国都不采用它，唯有那些极端虚伪的煽动者和压迫者，才急于向它乞灵，其目的又只是破坏和阻挠宗教改革的来临——在这种情形下我就会同意某些人的说法，认为这是一种十分棘手的丹药，连刘利阿斯[②]也不知道怎样从这里面提炼出好东西来。说到这里，我只要求诸位在我没有一一分析它的性质之前，应当把它当成一种危险和可疑的果实看待。肯定地说，从结出这种果实的树来看，它是理应如此的。但目前我还是要按照前面所提出的顺序，先说以下的问题：不论书籍如何，我们对于阅读问题应采取什么看法？阅读的利弊如何？

① 天堂与地狱边缘的地方，未受洗婴儿及外教贤哲的所在处，作者借喻禁书目及删节索引。——译注

② 马朱卡（即今地中海中的马罗卡岛）地方名炼丹家。——译注

摩西、但以理和保罗对埃及、迦勒底和希腊的学术都非常精通。不博览它们的书是不可能办到这一点的。保罗尤其认为在圣经中插入希腊三个诗人的句子也不能算是渎神，这三人中有一个还是悲剧家[1]。如果我们不坚持引用他们的事例的话，那么应该知道这一问题在原始基督教的圣师之中有时还是引起争论的。但主张阅读既合理而又有益的人究竟占压倒优势。当基督信仰最阴险的敌人——叛教者茹里安[2]下令禁止基督徒研究外教学术时，这一点就非常清楚了。他说："他们将用我们自己的武器伤害我们，用我们的科学与艺术征服我们。"果然，基督徒由于这个阴险的法令而发生了很大的变化，几乎陷入无知状态。所以阿波林纳利阿斯父子[3]把圣经改变成讲演、诗歌、对话等形式，并拟定一部基督教文法，他就像人们说的那样从圣经中制定了七大学科[4]。但历史家苏格拉底[5]说："神意的安排比阿波林纳利阿斯父子的辛勤劳动要高明得多，因为他把那条破坏学术的法律连同制定者本人的性命一起消灭了[6]。"由此看来，他们认为禁止学习希腊学术是

① 指《提多书》中所引用的革哩底(克里特)的爱皮蒙尼底，《使徒行传》中引用的阿拉土；和《哥林多前书》中所引用的欧里庇得斯或麦南得。——译注

② 君士坦丁大帝之侄，从小就是基督徒。公元361年就帝位时正式宣布放弃基督信仰，被称为叛教者。后与波斯人作战时阵亡。——译注

③ 亚历山大里亚人，儿子是该城主教。茹里安发布法令后，即以荷马诗体写《教会史》24卷，并仿照品达、欧里庇得斯、麦南德等人体裁写基督教的诗，以示反抗。——译注

④ 按古制七大学科包含算术、音乐 、几何、天文四大科及文法、逻辑和修辞等三大科。——译注

⑤ 公元5世纪时曾写《公元306－439年的基督教教会史》，并非希腊时代的苏格拉底。——译注

⑥ 公元363年，茹里安死于战场，约维安继位后将其法令取消。——译注

一个很大的损失，并认为这种迫害比代克优斯和代奥克利兴的公开残酷手段为害更大，更能暗中削弱教会。圣热罗尼姆在四旬节的一个梦里由于念西塞罗的作品而受到魔鬼的鞭打，这事大概也是由于上一政治趋势而产生的。要不然便是他那时害了热病，因而昏昏沉沉地看见了幻影[①]。假如鞭打他的是天使，那就除非是责罚他研究西塞罗学说过多，责罚他阅读的方式不对而不是谴责他读着没有用处。否则他念严肃的西塞罗作品就受罚，而读放荡的普劳图斯的作品（据他自己坦白，不久前读过）倒不受罚；同时受罚的只是他一个人，而其他许多古代的教父晚年都拿这些绮丽轻松的作品消遣却并不受这种魔影的鞭笞，那就未免显然不公平了。比方说，巴西尔[②]就曾教导别人说荷马的游戏诗《马吉梯斯》（现已失传）如何可以善用。那么意大利的浪漫诗《摩甘提》为什么就不能同样加以利用呢？纵使我们同意可能在异象中受审，但欧西比阿斯所记载的异象比热罗尼姆给修女欧斯托兴写信时所说的这个故事早得多，而且他还没害热病。公元 240 年，教会中有一个代奥尼苏·亚历山大尼奴斯，以虔诚和博学著称；这人就是以精通异端的书籍来反对异端的。后来有一个神甫严厉地指摘他何以竟敢胡乱读这类恶浊的书籍。这位高尚的人不愿冒犯他，于是便发生了内心的矛盾。他在一封信上说，后来上帝忽然赐予他一个异象，说了这样几句使他安心的话：“你不论拿到什么书都可以念，因

① 热罗尼姆手札说他本人在四旬节得热病断食时，梦见自己在上帝审判台前被否定是基督徒，并说他喜爱西塞罗哲学，因而命天使鞭打他。弥尔顿提出理由说是魔鬼鞭打他。——译注

② 卡帕多西亚主教。——译注

为你有充分的能力作正确的判断和探讨每一件事物。”他对这个启示很愿接受。因为这更符合《帖撒罗尼迦书》上所说的：“凡事察验，善美的要持守。”[①]他还可能提出帖撒罗尼迦另一句深入人心的话：“在洁净的人，凡物都洁净。”[②]不但酒和肉是这样，而且连一切好的和坏的知识都是这样。只要心灵纯洁，知识是不可能使人腐化的，书籍当然也不可能使人腐化。书籍就像酒和肉一样，有些是好的，有些是坏的。但上帝在那个不容置疑的异象中始终说：“彼得，起来，宰了吃。”[③]至于选择问题就随各人判断了。对坏的胃口来说，好肉也和坏肉一样有损害。最好的书在一个愚顽的人心中也并非不能用来作恶。固然，坏肉纵使用最合卫生的烹调法也不能产生什么好的营养，但坏的书籍在这一点上却有所不同；它对一个谨慎而明智的人来说，在很多方面都可以帮助他善于发现、驳斥、预防和解释。谢尔顿在我国的学者中是领袖人物，现在正和诸位一起任职于议会之中，我所能援引的证明又有什么能比他的话更好呢？他那部论自然法与国家法的书中，不但旁征博引地搜集了许多大作家的意见，而且还用许多出色的理由与公理用数学的方式证明道：一切看法，包括一切错误在内，不论是听到的、念到的还是校勘中发现的，对于迅速取得最真纯的知识说来，都有极大帮助。因此，我认为上帝从前普遍扩充人类肉体的食物时，始终没有用节制的原则，因此，正和以前一样，关于我们心灵的食粮和消化问题，他也任人选择。这样，每一个成熟的人便都要在这一

① 见《帖撒罗尼迦前书》第 5 章，第 21 节。——译注

② 见《提多书》第 1 章，第 15 节。——译注

③ 见《使徒行传》第 10 章，第 13 节。——译注

方面使用他最高的智能。节制是多么伟大的美德，在人的一生中又是多么重要啊！但上帝把这样大的事情完全交给了成年人，让他们凭自己的品性作决定，此外并没有提出任何法律或规定。因此，当他在天上亲自为犹太人定律法的时候，每人每天所得的食物是一俄梅珥。这一分量纵使是胃口最好的人吃三天也吃不完。这些“都是入口的而不是出口的，不可能污秽人”[②]。于是上帝便不会把人们永远限制在一切规定好了的幼稚状态之下，而使他自己具有理智来选择。如果对于一向用说服来管理的事物转瞬间增加许多法律和强制规定，那么说教就没有工作可做了。所罗门告诉我们说阅读会使身体疲乏，但不管是他还是其他英明的圣经作者都没有说阅读是不合法的。如果上帝认为限制阅读是有益的，那么他告诉我们阅读哪类书籍不合法比告诉我们阅读会使身体疲乏要简单得多。至于受圣保罗劝导而改奉基督的人焚烧以弗所那些书的问题[③]，答复是那次烧的都是关于幻术的书。这是叙利亚人烧的，是一种平民自发的行为，我们可以自发地加以模仿。那些人在悔恨之中把自己所有的书烧掉了。当地的长官并没有受权办这种事。叙利亚人实行了那些书中的邪术，其他的人如果只是阅读的话，便可能从其中获得益处。我们知道，在这个世界中，善与恶几乎是无法分开的。关于善的知识和关于恶的知识之间有着千丝

① 一个俄梅珥(omer)等于$5\frac{1}{10}$品脱，每一品脱等于我国0.56升。——译注

② 见《马太福音》第15章。——译注

③ 据《圣经·使徒行传》第19章记载，保罗到以弗所时有犹太族赶鬼的人擅自以耶稣的名向恶鬼附身的人说话，后有二人被此人所伤，于是众人惧耶稣而焚烧邪书。——译注

万缕的联系和千万种难以识别的相似之处，甚至连赛克[1]劳碌终生也拣不清的种子都没有这样混乱。在亚当尝的那个苹果的皮上，善与恶的知识就像连在一起的一对孪生子一样跳进世界里来了[2]。也许正是由于这一劫数，亚当才知道有善恶，也就是说从恶里知道有善。因此，就人类目前的情况说来，没有对于恶的知识，我们又有什么智慧可作选择，有什么节制的规矩可以规范自己呢？谁要是能理解并估计到恶的一切习性和表面的快乐，同时又能自制并加以分别而选择真正善的事物，他便是一个真正富于战斗精神的基督徒。如果一种善是隐秘而不能见人的；没有活动，也没有气息，从不敢大胆地站出来和对手见面，而只是在一场赛跑中偷偷地溜掉；这种善我是不敢恭维的。在这种赛跑中，不流汗、不吃灰绝得不到不朽的花冠。的确，我们带到世界上来的不是纯洁，而是污秽。使我们纯化的是考验，而考验则是通过对立物达到的。因此，善在恶的面前如果只是一个出世未久的幼童，只是因为不知道恶诱惑堕落者所允诺的最大好处而抛弃了恶，那便是一种无知的善，而不是一种真纯的善。它的洁白无瑕只是外加的一层白色而已。严肃的诗经斯宾塞尔（我个人认为作为说教者，他比邓司·斯科塔司和托马斯·阿奎那斯都强）通过奎恩来描写真正的节制时，奎恩是带着棕榄叶的十字架经过马蒙洞和人间幸福之亭出现

---

① 据罗马神话记载，爱神维纳斯之子丘比特爱上了人类之魂赛克。维纳斯大怒，将一大堆小麦、小米、豌豆等等的种子混在一起，叫她当夜就分出来，后来蚂蚁同情赛克，帮她分清了。——译注

② 见《圣经·创世记》。——译注

的[①]。这样他就能看见，也能知道，但能自制。因此，在我们这个世界中，关于恶的认识与观察对人类美德的构成是十分必要的，对于辨别错误肯定真理也是十分必要的。既然如此，我们如果想探索罪恶与虚伪的领域，又有什么办法能比读各种论文、听各种理论更安全呢？这就是兼容并包的读书法的好处。

这种阅读法的害处，一般认为有三种。现在不妨分别加以讨论：

第一，兼容并包的读法可能使毒素流传。但照这样说来人类关于一切世俗学术和宗教问题的争论便应当完全取消，甚至连圣经本身也不应存在。因为这里面常说到非常粗野的渎神事件以及恶人们非常不雅的肉欲。有时还说到最神圣的人如何用伊壁鸠鲁的话急躁地埋怨天意[②]。在其他大的争论中，对一般读者的解答都是模棱两可而十分晦涩的。大家不妨去问问犹太法学者，犹太法典中到底有什么东西那样有损他们的边注的体面，以致使摩西和其他先知都不能让他们把本文中的话说出来呢[③]？正是由于以上的原因，天主教徒才把圣经本身列为第一类禁书[④]。在圣经之下，接着应当禁绝的便是最古的教父著作。例如亚历山大里亚的克列门[⑤]和欧西比乌斯写的“接受福音启示录的准备”，[⑥]都把外教

① 见爱德蒙·斯宾塞尔：《仙后》第2卷，第5篇及第12篇。——译注

② 指《约伯书》、《传道书》及一部分《诗篇》。——译注

③ 犹太法学者有一条通则，就是本文中过分淫荡的话在注释中必须加以修饰才能写出来。——译注

④ 天主教禁止教徒们阅读没有注解的圣经本文。——译注

⑤ 公元2世纪人，曾写《致希腊人书》，揭露其旧宗教中的异端猥亵事情。——译注

⑥ 描写基督教未产生前的外教世界。——译注

人在接受福音之前的淫荡事情一一数给我们听。谁又不知道伊鲁略、爱匹芳尼乌斯、热罗尼姆等人所发现的异端邪说比他们能驳倒的要多，而且往往是异端的意见比他们更加正确呢？至于说外教中所有影响最大的作家（也可以认为是学术攸关的人）写书时用的语言都是我们看不懂的，这样说也没有好处。因为我们很清楚，有些最坏的人是知道这种语言的。他们非常能干，而且非常殷勤地把他们所吸收的毒素首先灌输给宫廷中的朝臣，告诉他们最高等的享乐，并把非难罪恶的说法告诉他们。尼禄称为宴乐总监的彼得朗尼阿斯[①]可能就是这样做的。阿列佐地方有一个臭名远扬的恶棍[②]，意大利朝臣们又怕他又喜爱他，这人的行径可能也是如此。亨利八世也曾开玩笑地说某人“是地狱的代理人”[③]，为了后代的缘故我不提出他的名字来。有了这种捷径之后，外国书籍的一切毒素便可以循着一个十分捷便的道路传播到人民中间来。通往印度的路程虽然可以取道契丹北面从东方去[④]，也可以取道加拿大西方去，但和上述毒素所循的捷径比起来还是差远了。然而我国西班牙法庭式的书籍许可制度却紧紧地钳制住了出版物。从另一方面说来，宗教问题论战的书籍显然对于有学识的人比对于

① 尼禄皇帝的宠臣，后因遭忌被杀。其著作《讽谕诗》中充满粗鄙的幽默。——译注

② 系巴齐之子阿勒廷诺。小时由于为文讽刺教会当局被逐，后因机灵而获得教皇及其他要人的欢心，诗文中充满粗鄙的幽默。——译注

③ 可能是指吴尔西或狄斯，两人均曾亲近亨利八世。“地狱的代理人”一语影射教皇，因教皇被称为“上帝的代理人”。——译注

④ 此处指想象中的旅程。传说谓契丹是鞑靼的一部分，是可汗统治的境域。——译注

无知无识的人的危险更大，更值得疑虑。因而这类书籍绝不能让检查者去碰它。我们很难举出例子说明任何一个无知识的人被英文的天主教书籍引诱坏了，除非是天主教的传教士推荐给他并为他作了解释。是的，这类论文不论真假如何，都像《以赛亚书》对那位太监一样[①]，没有人指导是没法理解的。但我们的祭司和博士们有多少由于研究耶稣会士和琐尔朋学院[②]的注释而受了腐化，同时他们把这种腐化的影响散布到人民中来有多么快，我们惨痛的教训是记忆犹新的。我们不能忘记，明敏的阿明尼阿斯[③]只是因为要驳斥德佛特一篇无名的论文而细读了一番，后来就走上了错误的道路。纵然如此，如果要压制这类书籍以及大量流行而极易腐化生活与歪曲教义的书籍，就不能削弱学术和论辩能力。虽然这两种书籍极容易被有学识的人接受，而异端邪说和腐化堕落的东西也极容易从他们这里传布到民间去。但邪恶的风俗却完全能够不通过书籍而找到上千条其他的途径传播，这些途径是没法堵塞的。邪恶的说法只要有人指点，完全不凭书籍就可以流传。教士要作这类指点大可以不写书，因而也无法禁止了。根据以上各点，我不难指出这为害多端的书籍出版许可制应作为无用而又不可能实现的事情立即予以撤除。纵使是操乐观看法的人也不能不把这制度比作一位高明的先生用关园门来拦住乌鸦的办法。此外还有一个不方便的地方。如果有学问的人将首先从书籍中接受并

① 见《圣经·使徒行传》第 18 章。——译注

② 巴黎最大神学院，从首建者得名。——译注

③ 荷兰神学家，曾受命驳斥一篇反喀尔文教派的论文，后来反而极力反对喀尔文派的命定论，被弥尔顿认为离经叛道。德佛特是荷兰城名，以陶器著名。——译注

散布邪恶与错误的说法，那么掌管许可制的人如果不是我们认为，或他们自以为比国内任何人都更可靠，更不易受腐蚀，人家又如何能信任他们呢？如果说，一个聪明人就像一个优秀的冶金者一样，能从一堆矿渣似的书中提炼出金子来，而一个笨人则拿着一本最好的书和不拿书同样是一个笨蛋，也就是说纵使限制笨人读书也无补于他们的愚笨；那我们就没有理由因为要限制笨人而剥夺聪明人在增加智慧方面的任何便利条件。如果要经常十分严格地限制，才能使一个人远离不适合阅读的东西，那么我们就不但要根据亚里士多德的说法，而且要根据所罗门和我们的救主的说法[①]不赐给他良好的箴言，因此也就不让他念到好书。肯定地说，最没有价值的小册子对聪明人也比圣经对于笨人要有用一些。

第二，有人反对说，我们没有必要就不应当让自己受到引诱。同时，我们也不应当把时间浪费在没有用的东西上。关于这两个反对意见我们从上面已经说过的理由里就可以提出答复；对于所有成熟的人来说，这些书籍并不是引诱或无用之物，而是有用的药剂和炼制特效药的材料，而这些药品又都是人生不可缺少的。至于其余的人，像小孩或幼稚的人，他们没有技术来炼制这种药品原料，那就应当劝告他们自行节制。但是要用强力来限制他们，则是宗教法庭中一切许可制办不到的。

第三点要说明的是：这种许可法令绝达不到自身的目的。从

① 据《圣经》记载，耶稣曾说过："不要把你们的珍珠丢在猪前"（见《马太福音》第7章），所罗门则说："要照愚昧人的愚妄话回答他"（见《箴言》第26章），并说"愚顽人说美言本不相宜"（见《箴言》第17章）。亚里士多德说"政治学对于受情欲支配的人说来是没有用处的"（见《伦理学》第1卷第3章）。

以上所说的看来，这一点已经非常清楚了，甚至使我都不愿再作解释。所以人们说，当真纯的真理自由发抒时，它的展示是一切方法和讨论所赶不上的。

从一开始我就竭力证明古代一切法度清明、珍视书籍的国家，都不会采用这种许可制的办法。也许有人会反驳道，这是后来才发现的可靠办法。关于这一点我的答复是这样：这原是一桩极浅显而又容易想到的事情。纵令是难以发现的，他们也应当早就有人提出来了。然而他们并没有采用这种制度，这就向我们说明了他们抱着什么看法。他们所以不采用，并不是由于不知道，而是由于不赞成这样的办法。柏拉图是一个很高的权威，但绝不是由于他那本《理想国》[①]而见重于世的。他那本《法律篇》一直没有任何城邦接受，他在这里面为那些幻想的城主们订立了许多法令来满足自己的幻想。连在其他问题上崇拜他的人也希望把这种东西埋葬掉，并解嘲说这是他在“学园”的晚宴中多喝了两杯而失口说出来的。根据这些法律看来，他似乎除了严酷的条令所许可的以外就不能容忍任何其他的学术。这些学术大部分是偏重实际的传统技艺[②]，要学会这一套东西，只要比他自己的对话集小得多的一个丛书就够了。同时他还规定，任何诗人的写作在没有经过法官或法庭人员审查批准以前不得向任何平民朗诵。但事实很明显，柏拉图的原意是说这种法律只能适用于他那幻想的共和国。但当初他不甘受自己的立法限制，而要去管闲事；他写下了许多对话和乌

---

① 此书所得的结论是：艺术与诗歌必须予以禁止或严加管制。——译注

② 指农艺、机械方面的技艺。——译注

七八糟的警句，同时又不断地研读索福龙·密摩斯和阿里斯托芬等人粗鄙不堪的书；阿里斯托芬对自己的朋友曾进行恶毒的诽谤，柏拉图还介绍暴君代奥尼苏去念他的书，其实代奥尼苏根本不需要这种东西来消磨时间。根据这些，柏拉图就很应当被自己的长官驱逐出境。试问他像这样做又有什么必要呢？同时他也知道他那种诗歌的许可制必须联系到而且要依靠他那幻想共和国中许多别的条令，而这些在现实的世界里是无法实现的。所以他自己以及任何其他的长官与城邦都没有采用那种办法，如果把那种办法和其他并行的法令分开，就必然等于虚设和毫无结果。因为他们如果采取其中一种严格的办法，就必须无分轩轾地也注意管制一切其他同样易于腐蚀心灵的事物，否则单独在一方面下工夫是必然徒劳无益的。这就等于把一道门封起来防止腐蚀，而又不得不把周围其他的门大大地敞开一样。如果我们想要通过管制印刷事业来移风易俗，那我们就必须同样管制快人心意的娱乐活动。除了庄严的和陶立安式的音乐以外，我们就不能听其他的音乐或者写作、咏唱其他的歌曲。同时对于舞蹈也必须有经过许多备案的表演者；任何姿态、动作和风格，要不经他们批准认为是纯洁的，就不能教给我们的青年人。这一切柏拉图都作了安排。如果要对每一家人家的琵琶、提琴、吉他等都加以鉴定，这种工作就不是二十个许可制检查员所能胜任的了。人们的闲谈也不能任其自流，说话的内容也势必事先经过许可。试问发抒柔情蜜意的民歌小调在闺房中低声轻柔地弹奏出来，又有谁去禁止呢？还有，窗口和阳台也是必须考虑到的。有许多狡狯的书籍，外面包着一个“包藏祸心”的书皮发售，这又由谁来禁止呢？是不是也由那二十个许可制

检查员来管呢？此外，乡村也必须派查访员去检查一下短笛和三弦琴到底演奏了一些什么，甚至连民歌和市镇上的每一个提琴师所奏的全部乐曲也得管管，因为提琴师就是乡下人的桃源派和蒙特·梅优[①]。其次，英国人家庭中的豪华奢侈的饮宴已经受到了国外的訾议，试问民族的堕落习气又有什么比这个更大的呢？谁又能来管制我们日常的狂欢饮宴呢？同时，民众常常到沽酒卖醉的酒家去闲荡，那又有谁来禁止呢？其实裁缝裁剪的服式也必须有经过许可制挑选出的头脑比较清醒的师傅来监督，以便制出不致伤风败俗的衣服。男女青年互相交谈是我国固有的习惯，那时我们也必须加以管制。试问又有谁去指定应当讨论什么、提出什么论题，而不致超越范围呢？最后，淫乐场所又有谁去禁止，宵小结群又有谁去驱散呢？所有这一切都将存在，而且必然存在。至于如何使它为害最少、引诱最小，那就是当轴诸公的治术之所在了。如果我们从现实世界退到绝对无法实现的新大西岛和乌托邦的政体中去，那对我们目前的情况是毫无裨益的。我们必须在这个罪恶的世界中，也就是上帝指定而无法逃避的世界中制定清明的法律。这一点是柏拉图的书籍许可制所不能办到的，这种许可制必然会牵连到许多其他的许可制，那样我们就会变得荒唐绝伦、疲惫不堪而又束手无策。但那些不成文的，或者至少是非强制性的，道德教育中的宗教和世俗法律都能做到这一点。柏拉图在这

① 桃源派是意大利文学团体，第一部知名的桃源派诗是意大利诗人沙那札罗在1500年所作的田园诗，至1580—1581年时腓力·悉尼又发表了自己的桃源派诗。蒙特·梅优是葡萄牙诗人，曾仿沙那札罗写诗。——译注

儿[①]说这种法律是共和国的纽带和每一条成文法的根基。在那些容易逃避许可制的事情中，它们将起主要作用。法纪颓废和疏忽懈怠自然是共和国的死敌，但要分别什么地方应当用法纪限制、用刑罚督责，什么地方只有说服，那便是政术之所在了。如果对成年人每一种行为的善恶问题都加以规定、限制和强迫，那么美德就将徒具空名，善行也就无须赞扬了，严肃公正和节制也就没有好处了。有许多人抱怨天意不应当让亚当逆命。这真是蠢话！上帝赋给他理智就是叫他有选择的自由，因为理智就是选择。不然的话他就会变成一个做作的亚当，木偶戏中的亚当。我们自己对出于强制的服从和爱以及被动的才干也并不推崇。因此上帝就让他自由，在他前面摆上一个诱人的东西，甚至还把这东西送到他眼前去。他的优点、取得报酬的权利和值得赞扬的节制便都包含在这种情形之中了。上帝要在我们身上产生情欲，在我们周围设置享乐之物；如果不是这些东西经过适当的调节就能成为美德的构成成分，试问上帝又何以要这样做呢？如果有人想要借消除罪恶的事物来消灭罪，那他就是个不通人事的人。因为你虽然在一个时候能从某些人身上消除掉一部分，但你一面消除，一面就集起了一大堆东西。同时，像书籍这类普遍存在的东西，也没法把罪恶从其中消除。纵使你做到了这一点，罪恶也还是原封未动地存在着。你虽然夺掉了一个贪婪之徒的全部财物，他却还是留下了一颗宝石——因为你无法剥夺他的贪婪。你纵使把一切贪欲的对象都消除掉，把一切青年都幽闭起来用最严格的纪律加以管理，但你却不

① 指《理想国》第4卷。——译注

能使原来不纯洁的人变得纯洁。因此,处理这一问题时就必须极端审慎而又明智。纵令我们可以用这种办法消除罪恶,但应当注意的是我们像这样消除了多少罪恶,就会破坏同样多的美德。因为德与恶本是一体,消除其中之一,便会把另一个也一起消除了。这就证明上帝的至高天意是有理由的,他一方面命令我们节制、公正和自治,但又在我们周围大量撒下令人贪恋的东西,同时又赐给我们一个漫无限制而无法满足的心灵。试问我们又为什么要制定出一套严格的制度,忤逆上帝和自然的意旨,取消那些考验美德和体现真理的东西呢?而书籍如果允许自由出版,就正是这样的东西。我们最好能认识到:法律如果限制了本性无定,并且可以无分轩轾地产生善果与恶果的东西,它本身就必然也是漂浮不定的。如果让我来选择的话,我就宁愿要一点一滴的善行而不要大量强力限制恶行的东西。因为上帝对于一个贤德之人的成长和完整,比对限制十个恶人的问题要关心得多。其实我们的视、听、言、行,都可以说是我们写出的书,其效果和写作是一样的。如果被禁止的仅仅是书籍,那么这一条法令似乎从根本上就不能达到本身的目的。我们难道没有看见非议国政的刊物[①]在不断的攻击议会和我们这个城市吗?这还不止是一次两次,而是每星期都有。墨迹未干的刊物就能向我们证明许可制究竟做了一些什么。然而有人又会认为这就正好证实了这条法令的作用。他们会说:这就是实行了这个法令。但肯定地说,假如这项法令对这个特殊事例的作

① 指保皇派所办的《朝政新闻》,自 1642—1645 年间每星期出版一次,以后还曾不定期出版一个时期。版面为四开纸一页,有时多些。——译注

用就是放纵无度和盲目行事，那么今后对其他的书籍又将怎样呢？上议员和下议员们：如果你们想使这条法令不形同具文，那就必须取消和禁绝一切未经许可而已经刊印散发的诽谤性书籍。只有在你们把这些书都开列出清单来，人们才能知道哪些是禁止的、哪些是不禁止的。同时还要下令，一切外国书籍，未经审阅不得流传。这样的机关就不是少数几个检查员终日劳碌所能应付的了，而且这种人还不能是一般的庸人。此外还有些书籍是一部分有用而且绝妙，另一部分却有毒而有害；为了使学术的共和国不受到损害[①]，就必须有更多的官员来加以删改。最后，当他们手中大量书籍不断增加的时候，诸位大概还必须把屡犯不改的印刷商开具名单，禁止他们收进任何可疑的活版。简单地说，如果诸位要使这条法令执行得严格而没有漏洞，那就必须完全根据特里腾宗教会议和西班牙宗教法庭的方式加以修改。然而这些我认为诸位是绝不愿意做的。纵使诸位违犯天意、降格以为，这条法令对于诸位原来要求的目的还是残缺不全和没有效果的。如果为的是防止教派的兴起，那么谁又会这样不学无术呢？我们大家都知道，许多教派一向把书籍当作一种障碍而加以抛弃，但它们却能单凭不成文的传统习惯历经多少世代保持自己的教义纯洁，不发生混淆。基督信仰在以往的某一个时候也只是一个教派，然而谁都知道在福音书和使徒书信出现以前早就传遍了亚洲。如果这条法令为的是纠正风俗，那就请看看意大利和西班牙的例子吧。那儿的宗教法庭对

① 模仿罗马时代执政官受权保卫国家利益时所说的话，“使共和国不受到损害”(Nequid respublica detrimenti capiat)。——译注

书籍的限制极为严格，然而他们是不是比其他地方更好、更诚朴、更明智、更纯洁一点点呢？

另外还有一条理由也可以说明这项法令达不到自己的目的；我们只要看一看许可制检查员所应具有的品质就明白了。无可否认，作为审判者、操书籍的生杀大权的人，就能够决定书籍应不应当进入这个世界；他们的勤恳、学识和公正都必须在一般人之上。否则在审核一本书可不可以通过的时候，就将发生极大的错误，为害不浅。假如他的品质足以胜任这样的工作，那么叫他不断地、毫无选择地读那些书籍（往往还是庞然巨册）和小册子，便是一桩极其枯燥而又无聊的工作；在时间上也是一个极大的浪费。任何书籍不在一定的时候都是看不下去的，而他们却受命不论在什么时候都要阅读一切的书籍。而手稿上的字迹又极难辨认。至于内容则往往用最清晰的印刷排印出来，也没法让人一连念下三页去。像这样的工作加在任何珍惜时间与学术，或稍微有品评能力的人头上，我万难相信他们能忍受得了。关于这一点，我特别要请目前的许可制检查员原谅我有这种想法。他们接受这种工作的时候，自然是为了服从议会，而议会的命令又可以使他们认为任何工作都是愉快而轻松的。不过这法令实行了一个短时期之后，就已经使他们疲惫不堪了。他们自己所做的表示以及他们对于一再去请求签发许可证的人所作的解释，就足以证明这一点。现在担任这个工作的人已经有清楚的迹象表明希望自己能摆脱，而珍惜自己时间的人又似乎没有人十分愿意接替他们，只有那些希图挣一个校对的薪水的人才愿意去干。那么我们就很容易预测出将来的许可制检查员究竟是什么样的人了。他们不是骄傲专横而又疏忽怠

慢，便是卑鄙地贪图金钱。这就是我要提出来说明这条法令何以达不到预期目的的理由。

最后我要说明，这项法令由于首先对于学术和学者是一个最大的打击和污辱，所以它便不但没有好处，而且还有十分明显的坏处。

原先主教们只要有人稍一提及废除兼职或是把教会收入作更平均的分配，他们就叫苦连天、怨声载道。说什么一切的学术都将因此而彻底被破坏了。关于这一意见，我绝找不出什么理由可以认为有任何一点点学术将会和神职人员共存亡。同时我也只能认为这是一个品格丧尽的教会人员所说的卑鄙下贱的话。世间有一种人是浑身铜臭的冒牌学者。而另一种人则是富于自由精神和天才的人，他们显然生来就宜于研究学问，而且是为着学术本身而爱好学术；他们不为金钱和其他的目的，而只为上帝和真理服务；并且追求一种流芳百世的令名和永垂不朽的赞誉，这是上帝和善良的人们对于出版书籍促进人类福利的人乐于赠与的。抛开前一种人不谈，如果诸位不想使后一种人完全感到灰心丧意，那就必须明了，一个学术名望不高，然而从不触犯法律的人，他们的观点和忠诚如果得不到信任，以致被人认为没有人检查和指导就不能发表自己的思想，不加管制就将弄出一个教派或者散布毒素，那他作为一个明白事理的人就将认为这是一种最大的不快和污辱。如果我们从老师的教鞭底下逃出来又落到了出版许可制的刑棍底下，如果严肃而认真的写作不过是课堂上一个文法练习题，不经过草率从事的检查员胡乱检查一下就不能发表；那么作为一个成年人又比一个学童能好多少呢？如果一个人从没有作奸犯科之名，而他自己的行为又

都不能自主,那么他就只能认为自己在自己的国家里是一个傻瓜或者外方人了。当一个人准备向外界发表作品时,他必然会运用自己的全部智慧和思虑。他辛勤地探讨、思索,甚至还征求贤明友人的意见。做过这一切之后,他才认为自己对于行将写出的东西的了解,已经不下于以往任何作家。这是他忠诚地写作,并运用成熟的智慧得出的最完满的结果;假如他在这里面所费的那样多岁月、那样多辛勤劳动,以及他的才能在以往的信誉都不能让他达到一个成熟的境地,因而始终不能被人相信;他深夜不眠、守伴孤灯、精心勤劳地写出的作品却必须送给一个终日忙碌的检查员匆匆地看上一眼,而这个检查员很可能是比他小很多的晚辈,在判断上也远不如他,在写作上可能一无所知;纵使他幸而没有被驳回或受到轻蔑,在出版时也必须像一个晚辈由自己的保护人领着一样,让检查员在他的标题页后面签署,以保证他不是白痴或骗子。这种做法,对作者、对书籍、对学术的庄严与特权,都是一个莫大的污辱。要是一个作者想象力特别丰富,他在书籍获得许可以后但还没有印出之前,可能会想起许多值得增补的东西,这是最好和最勤谨的作家常有的事,有时在一本书中就可能发生十几次。可是这时印刷者却不敢越出已获许可的印本范围。因此作者往往必须不辞劳苦地跑到检查者那里去请他审阅新增的内容,同时由于审阅者必须是原来那个人,所以他就不得不跑许多趟才能找着,或者碰上他有空。这时出版过程就必须停顿下来,因而造成很大的损失。要不然作者就得放弃他最精确的思想,而把书籍以较差的水平印行出来;这对一个辛勤的作者说来是一种最大的烦恼和伤心的事情。一个人要是教书，就必须有威信，因为威信是教学的生命；他如果要写书，就必须成为一个学者，否则就不如什么也不写；但如果他所教的和所写的一切都只能由一个家长式的检查员完全按照他们自己的判断加以修改和指导，然后才能提出来，那他又如何能有威信地教学或作为一个学者而写书呢？其实这些检查员所谓的判断都只不过是他们自己狭隘的胃口。每一个敏锐的读者一看见这种迂腐不堪的批示，就会退避三舍，并冲口而出地说："我最恨村学究，我不能容忍一个学究披着检查者签署的外衣来接近我。检查员是谁，我并不知道，但只要在这儿看见他亲笔写的字就知道他骄横不可一世。试问谁又能保证他的判断是正确的呢？""国家可以保证，先生，"书商答道。但他马上就接口说："国家的当政者可以作我的统治者，但不能作我的批评家。他们在选择检查员的时候可能发生错误，检查员在选择作家的时候也同样容易发生错误。这是尽人皆知的事。"他还可能加上弗兰西斯·培根的一句话说："这种被批准的书里只不过是些一时流行的话而已。"一个检查员可能比一般人更贤明（这在今后的检查员中是可想象而不可求的[①]），然而他的职务和工作却规定他除了一般庸人已经接受的东西以外不能放过其他东西。假如一个已故的作者的作品在生前和死后都一直极享盛名，而要经由他们许可重新付印的话，事情就更糟了。假如在他的书中由于热情高涨而写下了一句词锋犀利的话，谁又知道这不是神的指使呢？但只要这话不符合检查员那种低级老朽的趣味；那么这话

① 参看本书第30页关于未来检查员的一段。——译注

纵使是王国的宗教改革倡导者诺克斯亲口说的[①]，也免不了要被他们划上一道。这位伟人的思想就会由于这种马马虎虎的检查者害怕出事或粗心大意而不能流传后世了。至于要问，这种侵害行为最近究竟发生在哪一位作家身上，或者发生在哪一本影响深远而必须忠实排印的书籍上，我现在就可以举出例子来，但我却要留到更恰当的时候再举。假如有力量挽回颓局的人对这些事情不及时地加以严重的指斥，那么这一批铁锈式的人物就将为所欲为地把最优秀的书中最精彩的段落腐蚀掉。而且对于已故者留下的孤儿也将施展阴险的欺诈手段。这样一来，不幸的人类就将遭到更大的不幸，而他们的不幸却正是因为自己具有理智。在那种情形下我们就不必让任何人去钻研学术，大家也就只要做到人情练达就够了。肯定地说，那就只有对高深的事物既无知而又懒惰，只有变成一个庸俗不堪的大傻瓜，才能算是愉快的人生和唯一符合要求的人生。

这事对于健在的明达之士说来是一个莫大的污辱，对于已故的贤哲流传后世的著作也是一个莫大的损害，所以在我看来，这对整个的国家都是一种污蔑和损害。英国的发明、艺术、智慧以及庄严而又卓越的见解绝不是一二十个人所能包容无遗的；更不用说，没有他们的监督这一切就不能通过，不经过他们的漏斗滤过、没有他们亲笔签署就不能发行；不论他们的禀赋多么好，我也不能如此轻视英国的文化。真理和悟性绝不能像商品一样加以垄断，或凭

① 诺克斯的《苏格兰宗教改革史》于1644年由蒲加南代为出版，内容多有删节。——译注

提单、发票,掂斤播两地进行交易。我们绝不能把祖国的一切知识当成趸卖的商品,或者当成羊毛和黑呢子一样,标价签署发售。如果不许人们自己磨快斧头和犁刀而必须从四面八方赶到二十个许可制的铸造厂中去磨,那就和非利士人所加上的奴役制没有两样了①。如果因为有人写作并发行了诽谤好人的错误文字,并滥用和糟蹋了自己所享有的信誉,经证实后对他判决的责罚就是今后在发表任何东西之前必须经主管人员审阅,证明他所写的东西可以阅读而没有危险,那么许可制就只能让人认为是一种有失体面的惩罚。如果把全国从未触犯法律的人都包括在这样一个疑神疑鬼的禁令之内,那就不难想见是个多么大的污辱。而当我们看到赖债的人和罪犯都可以不加看管地在外面行走,一本温良恭顺的书发行时,标题后面却必须在众目睽睽之下挂上一个看管者,就尤其感到污辱的严重。同时,这对一般人说来都是一种责骂,因为我们如果这样两眼盯住他们,连一本英文的小册子也不敢让他们看,那我们就是把他们当成糊涂、恶劣、没有原则和没有人格的人民看待,并认为他们在信念和判断力方面都已病入膏肓,不由检查员拿着管子喂就吃不下任何东西了。我们不能说这是对他们的爱顾,因为在极端仇恨和鄙视俗人的教皇统治区中就是用这样严厉的手段来进行统治的。我们也不能说这是一种明智的制度,因为它只管住了许可制中的某一部分,而且连这一部分也没有管好;其实它所要防止的毒素大可以通过其他管不住的门路更快地涌进来。

① 据《圣经》记载以色列人被非利士人统治时,没有一个铁匠,一切锄、犁、斧、铲都要到非利士人那里去磨。——译注

最后，这对我们的神职人员也是一桩不光彩的事。对他们的工作和教民们从他们那里获得的教化，我们的估计并没有这样坏。既然有了并且还将继续有这样多福音之光，而教士们又不断地在宣教，结果他们所遇到的却原来是一帮没有教化、没有原则的乌合之众，只要出一本不管什么小册子稍微吹他们一下，他们就会抛弃自己的教义问答和基督徒的道路。教士们宣教了这样久，对教民们又有了这样大的诲益，然而人们仍旧认为不经过检查就不能放手让教民们看两三篇论文；印发并散布的讲道集和讲演集已经是汗牛充栋了，甚至让其他书籍都无法发售，但只要遇到一个小册子之类的小武器就必须躲到出版许可制的圣安格罗城堡[①]中去，否则就无法防御。教士的一切竟被人这样轻视，人们就大有理由认为这对他们是一个莫大的打击。

上议员与下议员们，也许有人会对你们说：有学识的人非议这项法令的理由都是浮夸之辞，而不是实在的说法。为了防止这一点，我可以把我在宗教法庭猖獗一时的国家中所看到和所听到的一切复述出来。我有幸和他们的博学之士来往。他们都认为在英国哲学理论是可以自由发抒的，并认为我能生长在这样一个国家里是很大的幸运。而他们自己却不住抱怨自己的学术陷入了一种奴役的状态。就是由于这种状态才使得意大利智慧的光辉一蹶不振。近年来除了谄媚阿谀之词以外并没有写出过任何其他东西来。我就在这里会见了年迈力衰的名人——伽利略[②]，他由于在

① 罗马皇帝哈德良墓，后被教皇用为城堡和避难所，以顶上的雕像得名。此处讽刺教皇式的出版许可制。——译注

② 作者与伽利略相见是 1638 年，伽利略年 74 岁。——译注

天文学上的见解和圣·方济各会以及圣·多明我会的检查员的思想不合，就被宗教法庭囚禁起来。当时我虽然知道英国也处在主教的枷锁下痛苦地呻吟，然而其他国家既然这样相信我国的自由，我也就把这种信心当成未来幸福的保证了。但当时那样多高贵的人[①]都还赋闲在野，因此这事便不是我所能想望的了。其实那时的解放事业是世界上所有的革命者都不能忘怀的，他们完全应作为其中领导者。当那个解放事业开始以后，我就一点也不害怕。我认为自己在其他国家的学者中所听到的对宗教法庭的抱怨，绝不会被我们同样博学的人在议会执政期间提出来抱怨书籍出版许可制。然而事实上这种抱怨却如此普遍地产生了，当我表示自己同情他们的不满时，如果不致见怪的话，我倒要引证一个事例来说明当时的情况：以往有一个太守很得西西里人的爱戴，后来听到西西里人一再指控维列斯[②]。我国有许多尊敬诸位而又受到诸位尊敬的人，他们向我们颂扬诸位的话绝不会少于西西里人民的控告。然而他们却一再劝说和请求我绝不要灰心失望，而要把我在公正理性的指导下为争取废除这一奴役学术的制度所产生的想法提供出来。因而这就不是一种奇特的幻想，而是素养学识高于一般庸人、可以促进他人接受真理而又可以从他人身上接受真理的人的普遍的不满。上述的情形就能证明这一点。在他们名义下，我绝不因为畏惧敌人或顾虑朋友而隐瞒众人的物议。人们认为，如果我们又像宗教法庭那样实行许可制，那么我们自己就会胆小如鼠，

① 指长期议会议员如庞姆、汉普顿、谢尔顿等人。——译注

② 西塞罗曾为西西里太守，甚得民心；回国后由维列斯继任，政声转恶。后西西里人一再向西塞罗控告维列斯。——译注

而且对于他人疑神疑鬼，以致还没有明了内容，便感到草木皆兵，对每一本书都害怕。某些人在不久之前几乎被人家禁止宣教，然而现在又转过来限制我们，除了他们自己高兴的以外绝不让我们念其他的书；因此我们就无法理解这些人的意图究竟是什么，而只能认为他们是企图再度对学术进行暴君式的统治。不久之后，事实就会无可争辩地证明，主教和长老会的长老在名义上和实质上对我们说来都是一丘之貉。以往主教制的流弊是通过五六个或一二十个主教区普遍在人民中间为害，而现在这种迫害就将完全加在学术身上，这一点是瞒不过我们的。现在一个小小的、粗鄙教区的神甫会骤然一跃而成为"书籍大教区"的大主教了。这时，除开审查书籍外，其他的职务也归他兼理，所以就形成一种神秘的兼职者。这些人在不久以前还大声疾呼地反对主教垄断学士学位的授予，否认教区教民的单一裁判权，而现在却在家里以一个平民的身份兼掌了这两种职权，管理着最优秀和最有价值的书籍以及最卓越的作家。严肃同盟①的信徒和新教教友们，这绝不是我们所做的事情，这简直不是推翻主教制，而是换上了另一种主教制；这只是把主教府②的统治来了个改头换面，这只是老一套的出钱代折苦行忏悔的狡技。因此在某一个时候仅只是对未经许可的小册子感到惊恐，过几天就会对每一个秘密集会都感到恐惧，再过一些时候就会把每一个基督徒的集会都当成秘密集会了。我坚信，一个国家如果法度公正宽宏，一个教会的基础如果是信仰和真正的知

① 英格兰与苏格兰之间为了抵抗查理一世，拥护长老会而订立的同盟。——译注

② 指坎特伯雷主教府。——译注

识，便绝不会像这样胆小如鼠的。现在事实上宗教中并没有规定写作自由应由人们模仿主救从宗教法庭那里学来的制度加以限制，如果诸位一定要我们受检查员的辖制，那就准会使一切学术界和宗教界的人士感到疑虑和丧气。人们说主教制被推翻之后，一切出版事业就将开禁，在议会执政期间这将被认为是人民与生俱来的权利和特权，这是光明的降临。谁又看不出这种政治活动是何等巧妙，谁又看不出主谋者是哪一个呢？现在主教们已被撤下来并被赶出教会，看起来，我们的宗教改革似乎只要留出职位让其他人用另一种名义来填补就行了。主教那一套鬼把戏又重新发芽滋长了，真理的瓶子就不能再流油了[①]，出版自由又必须用主教式的 20 人委员会加以钳制，人民的特权就会被取消，更糟糕的是学术自由又必须在老的桎梏下发出呻吟，而这一切都是在堂堂议会之下发生的。不过这些人本身和主教们论战时所提出的攻击和辩护，都会让他们想起这种侵害人权的残暴制度在绝大多数的情形下所产生的效果都和原来的目的相反。它非但不能抑制教派，反而会促使它们产生并使它们拥有声誉。圣·阿尔巴斯子爵[②]曾说过："责罚一种智慧就将增加它的威信。禁止一种写作，就会让人认为它是一种真理的火花，正好飞在一个想要熄灭这种真理的人的脸上。"因此这一法令就会被证明是教派的乳母。但我却可以很容易地说明它将怎样成为真理的后母，首先是因为它使我们不能维持已经知道的东西。理由如下：

---

① 据《圣经·列王记上》第 17 章记载，以利亚寄居于某家时，曾以耶和华的名使主妇瓶内的油多日不缺。——译注

② 即弗兰西斯·培根。——译注

只要肯动脑筋就可以清楚地知道，我们的信仰和知识，正和我们的肢体与面容一样，愈运动愈健康。真理在圣经中被比作一泓泉水，如果不经常流动，就会干涸成为一个传统与形式的泥淖。一个人在信仰真理时是可能成为异教徒的。如果他仅仅因为牧师对他作了某种解说，或是宗教裁判法庭作了某种决定，就不问原由地相信一个事物，那么纵使他相信的是真理，这个真理也会变成他自己的异端。一个人最愿意推卸给人家的责任就是宗教信仰问题。大家都知道，有许多新教徒和明证信德的人一生就像劳楞多[①]的教皇臣民一样，不求甚解地接受了一些毫无价值的信仰。一个有钱的人沉湎于享乐并且孜孜牟利的时候，就会认为宗教是一个迷津，是一些不值得计较的蝇头小利，在一切的行业中唯有这一行他难于精通，不能开店做买卖。那么他怎么办呢？假如他希望有一个笃信宗教的令名，假如他在这一方面不甘落后于邻人。那么他就会找一个代理人把这麻烦事一股脑儿交给他，把自己的一切宗教事业都付托给他处理，这人还必然是有声誉有地位的神职人员。他完全归附这位神职人员，把整个的宗教货栈连同一切的锁钥都交给他管。甚至把那个神职人员本身当做了他的宗教。他认为自己能和这样一个人联系就能够充分证实他自己的虔诚。他甚至可以说宗教已经不再存在于他的心中，而变成了他个人的“动产”，随着那个神职人员的来访和离去而靠近他和离开他。他招待这位神职人员，留宿设宴并赠与财物。那位“宗教先生”，一到晚上就来了，作作祷告，饱餐一顿，然后就醉醺醺地去睡觉。早晨起来在人

① 中世纪著名迷信中心。——译注

家向他行礼以后就喝上几盅茅塞酒[①]，或者饮几杯极为香甜可口的饮料，然后吃上一顿非常味美的早餐，比耶稣在伯大尼与耶路撒冷之间找绿色无花果[②]时的胃口还要好得多。到八点钟，这位“宗教先生”就出去了，把他那殷勤的主人留在店里做生意，整天没有宗教。

还有一种人，当他们听说一切东西都应当有法令管理，一切东西都将受到管制和安排，一切的写作都必须事先通过包税人的税务所，对一切自由发抒的真理先抽上一笔酒税和货物税，然后才让它问世；这时他们就会干脆把自己交付在诸位手中，任凭诸位对他们施舍，制定任何一种宗教都没有意见。他们有的是消遣和娱乐，有的是开心的事情，从早到晚一晃就是一天，从年初到年尾，漫长的日子过得就像一个快乐的梦一样。至于旁人那样认真而坚定地揽到手里代为办妥的事情，他们又何必去伤脑筋呢？这是人民过着百无聊赖的安闲生活和知识完全失去作用时所得到的后果。像这样毫无异议的服从又是多么美好和令人向往，这又将如何使我们完全驯服啊?！毫无疑问，只有严寒的一月才能冻结出这样结实的生活格局来[③]。

神职人员本身的后果也不会更好。我们也不是没有听说过，一个报酬优厚、现领圣俸、稳如泰山的本堂神甫，如果没有其他的

① 希腊南部所产名酒。——译注

② 据《圣经·马太福音》第21章记载，耶稣从伯大尼出来时，感到饿了。他从远处看见一棵无花果树，但找去时只有叶子没有果，于是便发出诅咒，该树因之枯萎；耶稣以此事向使徒说明有信心则不但可使树枯萎，且可移山倒海。此处讥笑“宗教先生”只顾吃，不顾信仰。——译注

③ 西俗把打破沉寂叫做打破冰冻，此处暗指言论自由被钳制。——译注

东西刺激他钻研，就很容易流于悠闲自在，只是在英文圣经索引和常识手册里转一转，在庄严的大学课程里拾一些牙慧，再加上一本四福音书合成集、圣经联句汇编，把某些教义条目来回浏览一下，再加上一些用法说明、信条和格式的来由、神学家的标记和祷告文的正统讲法等等；然后用上一点点编书的技巧，把这些东西像从初级教本中取材一样，拿来截头去尾拼凑一下，再静静地思考一两个钟头。纵使只像这样做一下，他也能妙不可言地安排好一个星期以上的讲道文，这还没有提到外文对照的圣经、每日祷告书、圣经摘要和其他懒人的法宝。有些讲道文把每一段平易的圣经原文都作了详细注解，然后大量印行，堆积如山；这是伦敦唯利是图的圣·托马斯教堂事务室以及圣·马丁、圣·胡格等教堂中最畅销的现货。在这儿既然有这样多的存货，他就无需害怕这种传道商品缺货了。但如果他的屋后和宅旁不安篱笆，他的后门不用严格的许可制关紧，以致不时地冒出一本大胆的书来，向他旧日搜集好安置在壕沟里的东西发动进攻，这时他就必须提高警惕，时时防守，对于自己已被接受的见解派出优良的卫士与哨兵，并亲自随同四处巡逻，以免自己的教民被人引诱；这样教民也将得到更好的教化，并将更好地运用真理和受到更好的训练。上帝也认为我们在这种防范之中的戒备警惕可以使我们不像实行许可制的教会那样懒惰。

如果我们相信自己是正确的，对待真理也没有虚伪的地方（虚伪是完全不对的），如果我们不认为自己的宣教太薄弱而犹豫不定，并责怪教民是未受教化和不敬神的一群乌合之众；那么如果有一个人和教导教民的神职人员一样贤明渊博而有良心，他并不私自沿户访问游说(那样是更危险的),而是公开写作发表他的意见,提出他的理由,说明现在宣教的东西为什么不正确,那岂不是非常公正的事么?基督答复大祭司的盘问时就说,他"从来是明明(公开)地对世人说话"[①]的;何况写作比说教更公开。既然有许多人把为真理而战作为自己的职责,那么如果必须驳斥时,像这样公开写作就更容易驳斥了。如果这些人疏忽了没有驳斥,那也只能怪他们自己懒惰或无能。

我们已经由于这种许可制而受到了阻挠,不能运用我们似乎知道的真知识[②]。同时检查员本身如果要执行自己的任务,那他就必然会顾此失彼。至于说这种工作对他们自己的损害有多大,我并不坚持讨论,因为这是各人自己知道的事情,必须由他们自己的良心来肯定。

在我已经说明的以外,这个许可制的阴谋给我们带来的难以令人置信的损失和危害还有许多没有提出来。它比一个海上的敌人堵塞我们的港口与河流更厉害,它阻挠了最有价值的商品——真理的输入。还不止这样,它是最初由教皇假基督之名拟定并实行的恶毒阴谋。准备借此在可能范围内消灭宗教改革之光,并确立假道理。这就和土耳其人通过查禁印刷品来支持古兰经的手法如出一辙。我们绝不否认,反而极高兴地承认:由于我们掌握了很大限度的真理,尤其是在我们和教皇以及教皇的附属物——主教

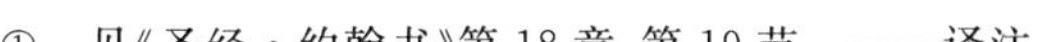

① 见《圣经·约翰书》第18章,第19节。——译注

② 作者所谓似乎知道和真正知道是有区别的。标准和柏拉图差不多。他的意思是说,如果我确实有把握认为自己知道的是真理,那么我们就应当随时准备抛弃旧知识的外壳而欢迎新知识的发芽滋长。——译注

之间的主要争执点上掌握了很大限度的真理，所以我们就应该比其他民族更加大声地向上天表示我们的感谢。但如果有人认为我们将停驻在这里，并认为已经达到了凡人所能看到的宗教改革的最高境界，那么等到我们到了天国的景象之中时，就会证明这种意见的原提出者还没有懂得真理。

诚然，真理曾经随着圣主一度降临世界，其形态十分完美而灿烂夺目。但当圣主升天而使徒们又已长眠之后，这时就兴起了一个恶毒的欺骗民族。他们就像埃及的泰丰及其同谋者[①]对待善良的奥西斯一样，他们把圣洁的真理拿来，把她可爱的形体砍成千万个碎片四散抛开。从那以后，可悲的真理的友人，凡是敢于挺身而出的，都像易西斯寻找奥西斯的零碎尸体一样，四处奔跑，一块一块地拼凑起来，就像能全部找到似的。上议员和下议员们，我们还没有全部找到，在圣主再次降临以前，也不可能全都找到。唯有圣主才能把每一个关节和每一个部分拼凑起来，再铸成永生不死的美妙而完善的形象。我们不要让这种许可令到处妨碍和阻挠继续寻找真理并继续对殉道的圣者举行葬礼的人。我们对于光明感到骄傲，但如果我们不能明智地对待太阳，它就会让我们瞎眼。比方说，常被燃烧的行星[②]和亮度极大、随同太阳上升下降、直到它们相对地运动到天空某一个部位而在早晚可见的两颗星，在白天又

① 埃及神话谓泰丰将奥西斯砍碎，投入尼罗河，奥西斯之妻易西斯搜集尸体碎片，凑成原形埋葬。——译注

② 指金星与水星，因靠太阳很近而有时不可见。诗人谓其可被太阳焚烧。——译注

有谁能分辨呢？[①] 因此，上天赐给我们光，不是要我们对着光注视，而是要我们利用光来发现我们还远不知道的东西。我们之所以能成为一个快乐的民族，并不是由于我们脱下了教士的道袍、取消了主教的法冠，并把它们从长老会信徒的肩上除下去。绝不是这样；如果教会以及政治经济生活中的大事没有加以审查和改革，那便是因为我们长久地注视了齐文格里和加尔文两人的灯塔所发出的光芒，使我们什么也看不见了。有人经常抱怨教派，并认为任何人只要是放弃了自己的箴言就是一个极大的灾难。其实只是由于他们自己骄傲无知才会这样庸人自扰。他们既不能虚心听取人家的意见，又不能说服人家，而只是把所有在他们纲领中找不到的东西一律压制下去。他们是捣乱的人，是破坏团结的人，他们自己不注意寻找、又不让人家去寻找真理身上所缺乏的那些零星碎片。根据我们已知的东西来寻求未知的东西，将我们找到的真理结合到真理身上去（因为真理的身体是本质相同而且比例相称的），这就是神学和数学中的金科玉律，这就能造成教会中最美满的和谐。这种和谐并不是冷漠的中立和内部支离破碎的思想在外表上强制的结合。

英国的上议员和下议员们，请想想你们所属的和受你们管辖的民族究竟是什么民族。这不是一个迟钝愚笨的民族，而是一个敏捷、颖慧、眼光犀利的民族。他们勇于创造，精于辩论，其程度绝不下于全人类的禀赋可能达到的最高度。因此我国最高深科学中

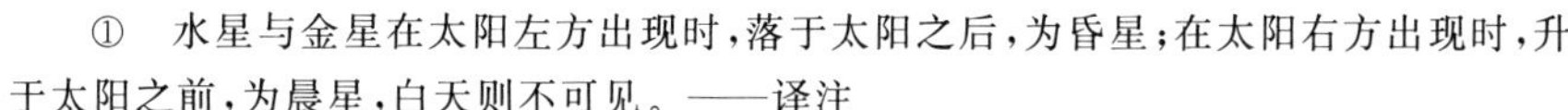

① 水星与金星在太阳左方出现时，落于太阳之后，为昏星；在太阳右方出现时，升于太阳之前，为晨星，白天则不可见。——译注

的学术研究已经是如此历史悠久而又杰出，以致许多古代最明哲的作家都相信毕达哥拉斯学派和波斯人的学术都是从我国古老的哲学中发源的[①]。以往代理恺撒在我国进行统治的贤明而文雅的罗马人——优利乌斯·阿格里哥拉就认为不列颠人的天赋智慧比法国人吃力的钻研还要好得多。同时庄重而节俭的特兰斯瓦尼亚[②]人每年都从远在赫辛尼亚荒地以外的俄罗斯边境的山地里派遣许多老成持重的人、而不派青年人到这里来学习我们的语言和神学[③]，这也不是没有道理。但最要紧的是我们大有理由认为上天特别爱我们和眷顾我们。要不然的话，为什么我们这个民族会被特别选出来在其他各民族之前就像在锡安山上一样向全欧洲发出第一个宗教改革的信号呢？[④] 要不是我们的主教顽固而乖戾把神圣而令人崇敬的威克里夫当成一个教派和新教义的创立者而加以迫害，那么波希米亚的胡斯和热罗尼姆以及路德与加尔文的名字就都不会为人所知了。改革我们邻国的宗教的荣誉将是完全属于我们的。但我们顽固而又冷酷的神职人员用残暴的方式进行了统治，一直使我们在学术方面变成了最迟钝、最落后的人，而上帝本来想要使我们成为导师的。现在根据所有的迹象，以及圣者每

① 此说不可靠，首先提出的是李普修斯。他援引克列门的说法认为毕达哥拉斯等人大部分卓越的看法来自野蛮人，有的可能来自不列颠。关于波斯人的问题则是根据普里尼模糊的说法。——译注

② 即今罗马尼亚的一部分。——译注

③ 此说不可靠，可能在30年战争期间特兰斯尼亚有人曾来英国。——译注

④ 指威克里夫首倡宗教改革思想。锡安山是耶路撒冷的圣山，《圣经·约珥书》第2章说："你们要在锡安山吹角……国中的居民都要发颤。因为耶和华的日子将到。"——译注

天都普遍而庄严地表白的本能感觉，都说明了上帝又一次命令在教会中开始一个新的和伟大的时期，甚至要把宗教改革本身再来一个改革。他所要做的难道不就是把他自己显示给他的仆人，而且和往常一样，首先显示给英国人吗？我说和往常一样首先显示给英国人，难道是说我们根本没有找到听取神示的办法，以致不配首先接受神示时的情形吗？请看这个广大的城市、这个避难所、这个自由之家，周围都有上帝的保护。我们没有那么多武器铸造厂中的铁砧和铁锤，却有执笔为文和善于思索的人；因此，我们虽然不能制造盔甲和枪矛来武装正义，保卫受困的真理，却能够彻夜守伴孤灯；沉思、探讨、创立出新的观念作为献礼，忠诚而崇敬地送给即将来临的宗教改革。还有一些同样苦心钻研的人，他们尝试过一切事物之后，也同意推理说服的力量是很大的。一个人对于一个这样服从真理而又喜好寻求真理的民族还能要求什么呢？对于这样一个顺从而丰饶的国家，除了由明智而忠诚的人来促成一个贤明的人民和拥有先知、圣者和高贵人物的民族，又能要求什么呢？我们认为离收获的时间还有 5 个月，其实连 5 个星期也用不着了；因为只要我们睁开眼睛就会发现战场上的战斗已经接近白热化；哪儿有学习的要求，哪儿就必然有争论、笔战和分歧的意见。因为善良人们的意见就是正在形成的知识。由于人们这样荒唐地害怕教派，我们才贻误了上帝在这个城中激起的追求知识与领悟的热情。其实，某些人感到可悲的事，我们正应当感到高兴。我们应当赞扬人们这种虔诚的勇敢。他们把那位“宗教先生”管得一塌糊涂的宗教事宜收回自己手中来了。我们只要能斩断这种主教的传统，不把基督徒的自由良心和人权自由硬塞到人们的箴言与信

条之中去，然后再加上一点点尺度较宽的谨慎和一点点慈爱，双方又互相忍让一些，就可以把这种防范的心情变成一个普遍而亲如兄弟的追求真理的心情。如果有一个伟大而高贵的外方人来到我们中间，他慧眼独具地看出我们这个民族的性格和统治的方法，同时又看到我们无所不及的思想和推理在追求真理与自由时所具有的高尚希望与目标以及勤谨敏捷的作风，我相信他就会像皮洛士赞赏罗马人[①]的服从与勇敢一样喟然长叹地说："如果这些人就是我的伊庇鲁斯人，那么我就可以无所顾虑地定出一个最伟大的计划，使教会与王国都变得幸福。"但现在这些人却在大声疾呼地反对教派。就好像当我们给上帝建造圣殿时，分派一些人采石材，再分派另一些人把石材凿方，还有些人则去砍杉树；而这批没有理智的人却跑来说，在上帝的圣殿盖好以前，根本就不应当有这样多教派和小组分别在采石场和伐木场里工作。还有，虽然每一块石头都非常美观地垒砌在一起，却也无法结合成一个天衣无缝的整体，在这个世界里顶多只能砌到密合而已。同时，每一幢建筑物也不可能形式完全一致。也可以说形态的完美就在于许多适度的变化和亲近的差异，彼此相差不太远，因而产生一种美妙的和优雅的对称，使得整个的建筑物都非常悦人心目。因此，当伟大的宗教改革即将来临时，我们就要当一个思虑更加周详的建筑者，在精神的建筑物中抱有更明智的态度。现在似乎已经到了这样的时候，伟大的先知摩西将坐在天堂上，因看到他那令人难忘的光辉愿望已经

① 公元前280年皮洛士王侵入意大利半岛击败罗马人。当他看见罗马人败退的情况时曾说："如果罗马人做我的士兵，我做罗马人的国王，我就能很容易地统治全世界。"——译注

实现而高兴，不但是70个长老，而且是上帝的一切子民都逐渐变成了先知[①]。如果有人，甚至还有一些像当年的约书亚一样神性较浅的好人，看到这种情形以后，产生嫉妒心理，这是毫不足怪的事情。他们十分忧虑，并由于自己的弱点而发怒；他们深恐我们经过这样分裂再分裂会垮台。与我们敌对的人却在拍手称快，等候那个时刻来临。他说：当我们分成的派别相当小以后，那就是他们的时候到了。笨蛋！他没有看到让我们长出枝叶的那个牢固的树根。有一天我们这种分开的小队会从四面八方把他们团结得很差而尾大不掉的大队切成粉碎，不到那种时候他是不会看到这一点的。我们对这些预料中的教派抱有很大的希望；我们并不需要那些诚恳的人关心，他们也许是由于过分的胆小而担心这种做法；我们最后会对那些恶意地庆幸我们分裂的人发出耻笑。以下的各种理由使我相信这一点：

首先，当一个城市被围以后[②]，它的航道就会常有敌人出没，周围将不断遭到进攻；而且会常常听到谣传说挑战进击会进到城墙下和城郊的战壕里来。这时人民或大部分人民就会以超乎寻常的态度，全心全意地研究最高级和最重要的事物应如何改革。他们可能因此发生争执、推理、阅读、创造、讨论，甚至也会创造出罕见的令人羡慕的事物，这些都是他们以往从未讨论和写作过的。以上这一切首先说明人民对于诸位的深谋远虑和老成持重的政府衷心拥护，并完全信任和满意。他们从此产生了一种大无畏的勇

① 见《圣经·民数记》第11章。——译注

② 作者写此文之前两年，即爱琪山战役之后，诚然有围城的危险，男女老幼也确曾一齐动手备战。——译注

气,因而对于敌人产生一种极有把握的鄙视。当罗马人几乎被汉尼巴包围的时候,城里曾有人出高价购买汉尼巴的营盘[①],现在我们当中这种伟大的人物似乎还颇不乏人。此外,这对于我们值得庆幸的胜利还是一个生动而令人兴奋的预示。比方说,当一个人体内血液非常清新时,他的精神便不但对于躯体,而且对于理智以及其他极其机敏精微的智力作用都是十分纯洁而富于活力的。这就说明身体的情况是多么好。同样的道理,当人民情绪十分高涨因而不但能保卫自己的自由和安全,并且还有余力参加最神圣最真纯的问题的讨论和提出新的意见时,这就说明我们没有退化和坠入致命的腐化堕落的深渊,而是把起了皱褶的、陈腐了的外壳抛弃掉,并熬过了这些痛苦而重新变得年轻起来;这也说明我们走上了光辉的真理和蒸蒸日上的美德的道路,注定地要在将来的时代中变得伟大而光荣。我认为,我在心目中已经看到了高贵而生气勃勃的民族,像一个睡醒了的巨人一样站起来,抖一抖他那所向无敌的发绺[②]。我认为,我看到他像一只兀鹰一样换上青春的羽毛,并对着正午的阳光一点也不眩晕地照亮自己的眼睛,它在这天国的光源下清洗、涮亮自己久置不用的目光。周围畏缩胆小和只喜爱熹微晨光的鸟群却在扑扑乱飞,唧唧喳喳地乱叫。它们对于兀鹰这种雄姿感到惊讶,于是便心怀嫉妒地喧噪着,预言有一个教派分裂的年头来到。

① 这事是根据历史家李维的记载。当时汉尼巴就提出要把他还没有夺得的银店标卖,以示回敬。——译注

② 据《圣经·士师记》第16章记载,武士参孙所向无敌的力量就在于发绺,敌人剃了他的发绺,力气就离开他了。——译注

那么，诸位应当怎么办呢？这个城中知识的禾稼正在开花结果；同时它又已经放射了、并在继续放射出新的光芒，诸位难道应当加以压制吗？难道应当让20个横行霸道的统治者建立起寡头政治，给我们的心灵再度带来饥荒，使我们除了经过他们用斗衡量过的东西以外就不知道旁的东西吗？相信我的话吧，上议员和下议员们！谁要是劝说你们像这样进行压制，就等于是叫诸位压制自己。这一点我在下面就要加以说明。如果要知道现在这种写作自由和言论自由从哪里得到，那么除开诸位仁厚宽宏而富于人道精神的政府以外就找不出更确实的来源了。上议员和下议员们！你们自己英勇而又指挥如意的谋划给我们带来了这种自由，而这自由则是一切伟大智慧的乳母。它像天国的嘉惠，使我们的精神开朗而又高贵。它解放了、扩大了并大大提高了我们的见识。现在除非培育我们的诸位议员对于纯正自由的爱已经不如往昔，否则就无法使我们在能力、知识和追求真理的热情上倒退。我们可能再变成诸位当初所发现的那种愚昧、粗暴、拘泥而奴化的情况，但那时诸位就首先必须变成旧统治者一样暴虐、武断和专横，但这是你们做不到的。当初把我们从他们的压迫下解放出来的正是诸位议员。现在我们的心境已经更加开阔，我们的思想已经更加振奋，可以寻求和接受最伟大和最正确的事物。这些都是诸位的美德在我们的心中产生的嫡亲子嗣。诸位除非是把一个已经废除的和残酷不仁的法律重新强加在我们头上，让家长可以任意处置自己的儿女，否则便无法压制这一切。不过到那时谁又会竭诚拥护你们，并号召其他的人跟着诸位走呢？那绝不会是

拿起武器反对军装税和军运税的人[①]，也不会是反抗四诺布尔丹麦金的人[②]。我虽然不低估为了免税而做出的斗争，但如果免税就是一切，那我就更爱和平。让我有自由来认识、发抒己见、并根据良心做自由的讨论，这才是一切自由中最重要的自由。

假如压制新颖而不能见容于流俗的意见，竟证明非但是有害而且是螳臂当车，那么最好的办法究竟是什么，我毋庸发表己见，只要把我从一位高贵而虔诚的上议员那里听来的意见重复一下就够了。这位议员为着教会和国家而献出了自己的生命和财产，否则我们现在就不会由于失去这一意见的高贵而坚定的倡议人而感到哀悼惋惜了。我相信诸位是知道他的，但为了要尊敬他而且是永远尊敬他，我还是要提出他的名来，这就是上议员布洛克[③]。他写了一本关于主教制的书，书中还讨论了教派问题。他把这恳切的祈求留给诸位了。现在看来，这种祈求就是他的临终嘱托。我知道诸位对这一嘱托是极端尊重的。除了耶稣临死时嘱咐使徒们相爱并赐给他们平安的那一段遗言以外，我还找不出比这更仁慈宽厚的话。他在这里面告诫我们说：有些人希望过纯正生活，把自

① 英国古时为了维持军队所征的税，原已废除，查理一世重新恢复。——译注

② 诺布尔是英国钱币名，值 8 先令 6 辨士。丹麦金是英国古时为了抵抗丹麦人所征的税。查理一世征收船税时便援引这一税目，所以也称丹麦金。四诺布尔指的是士绅约翰·汉普顿拒付船税的事，后来成了反抗查理王的有名事件。——译注

③ 布洛克所写的书名为《论主教制》。他后来在议会军中战死，很受议会尊敬。——译注

己的良心所给予的最好的指引当作上帝的安排；这些人不论怎样受到他人的诽谤，我们都要谦恭而又耐心地听取他们的意见。纵使这意见与我们有所不同，我们也应当容忍他们。他所写的那本书早已问世，并且是献给议会的。它所能告诉我们的东西自然还要多得多。这人的生和死都证明他的意见是不可忽视的。

现在正是我们发表写作和言论来推动大家进一步讨论激动人心的事情的时候。杰那斯庙的庙门上两片对合的杰那斯神像[①]现在已经是不为无故地敞开了。虽然各种学说流派可以随便在大地上传播，然而真理却已经亲自上阵；我们如果怀疑她的力量而实行许可制和查禁制，那就是伤害了她。让她和虚伪交手吧。谁又看见过真理在放胆地交手时吃过败仗呢？她的驳斥就是最好的和最可靠的压制。有的人听见我们祈祷上天赐给我们光明和更清晰的知识，就以为在日内瓦教派体系[②]之外安排的其他一切的东西，都已经掌握在我们手里了，而且都是现成的。而当我们所祈求的新光明真的照射到我们身上时，只要没有首先照到某些人的窗子上，他们就会因为嫉妒而提出反对。当贤哲们劝告我们日夜辛勤地像探寻宝藏一样去寻求智慧时，竟有另一些人命令我们除开法律所规定的以外什么也不许知道，这又是一个多么大的阴谋啊?！比方说，一个人在深邃的知识的矿藏里进行过艰苦的劳动以后，已经装满了他的发现物，接着就像上战场一样把他的理性拿出来，摧枯拉朽地击溃了途中所遇到的一切障碍；然后把他的对手叫到平地里

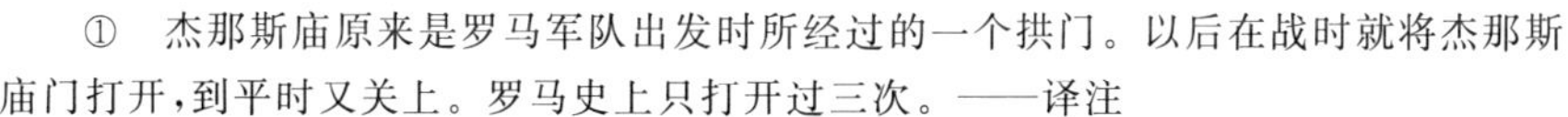

① 杰那斯庙原来是罗马军队出发时所经过的一个拱门。以后在战时就将杰那斯庙门打开，到平时又关上。罗马史上只打开过三次。——译注

② 指喀尔文派，弥尔顿所属的清教徒派即从此派而来。——译注

来，让他享受阳光与新鲜空气的便利条件，只要求他愿意用辩论的方式来论证一下事理。这时他的对手如果退缩、设下埋伏，并摆出一个许可制的窄桥让挑战者通过；这在战阵中也许是很勇敢的，但在真理的战斗中却是懦弱和胆怯的表现。谁都知道，除开全能的主以外就要数真理最强了。她根本不需要策略、计谋或者许可制来取得胜利。这些都是错误本身用来防卫自己、对抗真理的花招。只要让真理有施展的余地，而不要在睡着了的时候把她捆住就行了。如果把她捆起来，她就不会再说真话，而会像普劳底乌斯①被捉住时只说寓言一样。这时她就会变成各种各样的形态，而不现出自己的原形。同时也会像米该雅在亚哈面前的情形一样，只说顺情的话②，直到亚哈恳请他他才会说真话。真理的形式可能不止一种，对于某些东西说来，真理在这一边或那一边看去都很像，那么这类的东西不是无所谓的东西又是什么呢？当这些命令取消了，条文被钉在十字架上时③，它不是一纸具文又是什么呢？保罗常常夸耀的基督的自由又到哪里去了呢④？他的理论是吃不吃、

① 希腊神话中海神波赛顿的掌玺者，被执时即为人预言未来，逃走时可变成各种形态。——译注

② 据《圣经·列王纪上》第22章记载，当以色列王亚哈要去攻打基列的拉末时，召先知米该雅预卜胜负；起初米该雅只随声附和，直到亚哈恳请他时他才说真话。——译注

③ 《圣经·哥罗西书》第2章第14节说："又涂抹了在法律上所写的，攻击我们有碍于我们的字据，把他撤去钉在十字架上。"——译注

④ 《圣经·加拉太书》第5章记载："基督释放了我们，叫我们得以自由……我保罗告诉你们，若受割，基督就与你们无益了。"——译注

守日不守日都是为的主[①]。如果我们具有慈爱精神，如果我们不把互相议论作为我们虚伪精神的主要支柱，那么又有多少东西可以和平相容而交由良心解决啊！但是我恐怕这种外表一致的枷锁已经在我们的颈项上留下了奴隶的烙印；亚麻法衣下的繁文缛礼[②]还在缠绕着我们的心灵。当我们看到一个教会团体和另一个教会团体稍微发生分歧时，纵使分歧的并不是基本问题，也会感到害怕。我们勇于压制而怯于恢复真理被习俗奴役的各部分；因而说明我们对于真理发生分裂是不在乎的。然而这却是最厉害的分裂。我们看不到当我们一直竭尽一切方法来讲求一个僵硬的外表形式时，我们很快就会再度陷入一种粗暴地强奉国教的呆滞状态，就好像是草木禾秸毫无生气地被挤压和冻结在一起，而形成一个死的结合[③]一样。和教派的分裂比起来，这才能促使教会突然退化。我绝不是对所有轻微的分裂都高兴，但我也并不认为把大家都捆在一个教会里，就会成为金、银、宝石了。人们无法分清麦子和稗子，也无法把好鱼从坏鱼中分辨出来，这只能是天使在世界末日时的事情[④]，但假如大家不可能全都一条心（谁又说能做到这一点呢?），那么，让许多人都可以得到宽容而不使所有的人都受到压

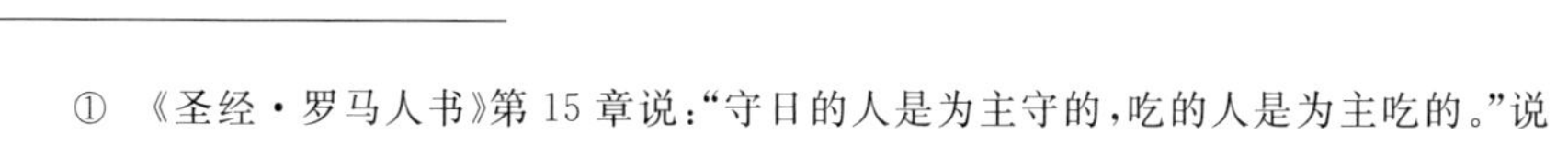

① 《圣经·罗马人书》第15章说："守日的人是为主守的，吃的人是为主吃的。"说明保罗对于吃祭肉和守安息日的问题主张随各人自由。——译注

② 作者极鄙视天主教的繁文缛礼，在"论教会改革"一文中说："他们使教会充满的不是纯真的法衣，而是纯亚麻的法衣。"长老会抛弃了法衣和一切亚麻法衣下的繁文缛礼而穿上了喀尔文派的黑袍。——译注

③ 《圣经·哥林多前书》第3章第12节说："……根基就是耶稣基督……若有人用金、银、宝石、草木、禾秸，在这根基上建造，各人的工程必然显露。"——译注

④ 《圣经·马太福音》第14章说到世界末日时，义人恶人将和稗子与麦子或好鱼与坏鱼一样，由天使加以分别。好的留下，坏的用火烧。——译注

迫，无疑是更健康、更谨慎和更合乎基督精神的。当然，我不是说要宽容教皇制和公开的迷信。它们既然要消灭一切宗教和世俗的主权，那么我们只要还想用慈悲和同情的方法来挽救懦弱的人和误入歧途的人，就必须把它们消灭掉。同样的道理，一切的法律如果还想成其为法律，就也绝不能宽容那些反对信仰和破坏风俗习惯的、不虔敬的和罪恶的事情。但我说的分歧是教义或教派形式上一些谐和的差异，甚至是无关紧要的差异。这些差异虽然可能很多，但只要"我们能用和平彼此联络"，就不致妨碍"圣灵所赐合而为一的心"[①]。假如有人要写作，并对于我们黾勉从事的、稳健持重的宗教改革伸出援助之手；如果真理首先对他启示，或至少似乎启示了他；请问谁又能使我们如此地沾染耶稣会士的邪风，以致与这人为难，让他先请求许可再做这样高贵的事业呢？先不说这个，如果我们竟致采用查禁制，那就非常可能是查禁了真理本身。因为我们的眼睛久已被偏见和流俗所蒙蔽，一眼看见真理时，很可能认为它比许多错误更不堪入目，更不受人欢迎。正好像许多伟人看起来让人感到轻蔑而可耻一样。某些人所谓最新的见解其实是最糟糕的见解。他们认为，除开自己所喜爱的人以外，就不应当听从任何人；这就是教派所以泛滥成灾、真理所以远离我们的主要理由。他们这种新见解向我们谈又有什么用呢？此外，这里面还有一个更大的危险，当上帝用一种强大而有益的扰动震撼一个王国，使它发生一次普遍的改革时[②]，可能就有许多教派和假教士手

① 见《圣经·以弗所书》第4章第3节。——译注

② 见《圣经·约珥书》第3章。——译注

忙脚乱地引诱好人。但更确实的是，这时上帝就会唤起才华出众、勤勉过人的人为他而工作；叫他们不但回顾以往，把已经宣教的东西重新修订；同时也会叫他们继续前进，叫他们对真理的发现再采取一些新的明智步骤。因为上帝在照耀他的教会时，方式就是逐步放出他的光，使我们尘凡的眼睛能经受得住。至于上帝将首先在什么地方或从哪里听他的选民的声音，也是不受限制和不作指定的[①]。因为他看东西不像凡人这样看，选择也不像凡人这样选择。否则我们又将固执于某些固定的地方和宗教裁判会议，或者是人们的召唤。把我们的信仰一时倾注于往日的教士会议大厅[②]，一时又倾注于威斯敏斯特教堂[③]。其实在这些地方定出的一切正统信仰和宗教，如果没有平易近人的说服力和慈悲耐心的说教来抚摩良心上的一切创伤，并启迪希望尊崇圣灵而不尊崇凡人信条的最卑微的基督徒，那是站不住脚的。纵使这些地方的人全都投票赞成，再加上哈利本人和他周围一切皇陵[④]中的阴魂全都起来随声附和，也办不到。假如一个领导教派的人错了，要不是我们自己懒惰、固执和不信任正确事业，又有什么东西能阻止我们和蔼地跟他们会谈并简略地加以解释，或阻止我们不去争辩，而常常以宽容的面谈来彻底辨明事情的原委呢？我们既然看到，所有尝试过学术的人都会认为：不满足于接受陈旧意见的人都可能精通

① 见《圣经·约翰福音》第 4 章。——译注

② 英国国教的教士会议于 1295 年在圣保罗教堂召开，后改到威斯敏斯特教堂的会议厅。信徒把这些地方当成上闻于神的地方。——译注

③ 解决“英国教会祈祷文与管理问题”的威斯敏斯特最高宗教裁判会议在很长一段时期中都在这里开会。——译注

④ 指伊丽莎白女王、玛利女王及詹姆士一世等人的墓。——译注

并向世界上解说新的论点，使我们在许多方面获得益处，那么我们就不管为对方为自身都应当这样做。纵使他们都是我们脚下的尘土，他们也能擦亮真理的武器。就凭这一点也不能把他们抛弃。如果这些人还是具有杰出才能的人，是上帝在这些时日中派出做特殊工作的人，他们既不是大祭司，又不是法利赛人，而我们却因为经常在没有理解人家之前就下判断，唯恐他们带来新的和危险的意见，以致鲁莽地不加区分，一律禁止他们说话；我们也许认为这就保卫了福音，而事实上却非常糟糕，正好做了迫害者。

自从议会成立以来，有不少的长老会信徒和其他人士，都蔑视出版许可制而出版了未经许可的书，首先打破了挂在我们心头的三块冰①，叫人民重见光明。我希望这些人在蔑视这项法令而得到许多好处之后，就不要用倡议把那种枷锁重新加在我们的头上。但如果摩西对年轻的约书亚的制止②和我们的救主对年轻的约翰（他急于禁止自己认为未经许可的人说话）的制止③都不足以告诫我们的长老们，让他们认识到自己那样浮躁地查禁是如何地不合神意；假如他们清楚地记得这个许可制的障碍在教会中为害有多大，他们自己破坏许可制后受益有多深，却还不能阻止他们倡议把宗教法庭中多明我派气味最浓的制度加在我们头上，并且已经把一只脚插进马镫子里，跃跃欲试地想推动这种压制，那么我们首先

① 贺拉斯说：初次航海的人心头必然悬着“一块橡木和三块铜”，意思是说心头很沉重，作者此句仿此而得。——译注

② 《圣经·民数记》第 11 章提到，约书亚请求摩西禁止圣灵所停的长老说话，摩西制止他，并说：“唯愿耶和华的百姓都受感说话。”——译注

③ 《圣经·路加福音》说约翰曾禁止一个以耶稣的名赶鬼的人，耶稣制止他说：“不要禁止他，因为不抵挡你们的就是帮助你们的。”——译注

压制压制者本身就不能算是不公道的回敬了。他们虽然在不久以前吃了不少苦头，但没有怎么吸取教训，一旦飞黄腾达之后就趾高气扬起来了。

关于出版管制问题，任何人所能给诸位提出的意见都没有诸位自己在目前这条法令之前所制定的那一条法令[①]那样好。那项法令规定："除出版者与作者或至少印刷者的姓名已登记备案以外，任何书籍不得付印。"一切不遵守这一法令所出的书籍如果有毒素或进行诽谤，查禁或焚烧它就是人们所能拿出的最有效的办法了。如果我所说的话还有一点价值的话，不久之后事实就会证明，目前这条名副其实的西班牙式的书籍许可制本身就是一种最不符合许可制的东西。这正是星殿[②]的书籍出版法令的翻版。制定那项法令时，星殿法庭正在一本正经地执行一切其他的工作。正是由于那些工作，这法庭现在已经随着撒旦一起垮台了。那项法令虽然特别假仁假义地宣称要限令书籍为善，但诸位可以看出它制定时究竟曾怎样忧国爱民，怎样顾全宗教与善良风化。它究竟是怎样夺掉了诸位在早两年所定的那条贤明法令的地位呢？如果我们能相信由于职责关系而熟悉内幕的人所说的话，那就不能不令人怀疑这里一定有书商的垄断者和老油子从中作弊。他们借口自己公司中的穷人不能受欺骗，作者版权不能侵犯(反对这两条

① 颁布于本文发表之前两年半左右(1641 年)——译注

② 威斯敏斯特宫一殿，以屋顶星星形得名。原系国王与枢密大臣会商处，后设法庭，执法特别武断专横，甚至非刑拷打，残害人体。1641 年长期议会下令废除。——译注

是天都不容的)[①]，于是便把一纸特别呈文加上一些美观的装潢送到议会里去。这些特别呈文的确是一些“特别鸩文”，除了压制邻人以外没有其他用处。他们的邻人因此就不能从事学术所仰给的正当行业，而只能做人家的奴隶。人们说这些人其所以要请愿设置这项法令，是由于想在自己把权力捞到手以后可以使坏书更容易散布，而事实也证明了这一点。商场上这种诡辩和花招我是外行得很。但有一点我却知道：一个好政府和一个坏政府同样容易发生错误。试问哪一个官员又能保证不听错消息？尤其当出版自由被少数人操纵的时候就更容易如此了。可敬的上议员与下议员们：如果能迅速纠正一个错误，如果处在最高地位的人对一个平易的忠谏能比其他人对一笔大贿赂更重视，这就是最符合诸位的高尚行为的美德，而且只有最伟大和最贤明的人才能具有这种美德。

① 请参看本书第5页。——译注

约翰·弥尔顿

（1608年12月9日—1674年11月8日）

英国伟大的诗人和政论家。英国17世纪资产阶级革命的参加者。他出生在伦敦一个公证人的家庭，曾求学于剑桥大学。当弥尔顿还是大学生时，就开始用拉丁文和英文写诗和哲学论文。这些作品中充满了清教徒的道德，同时也充满了对古代文化、英国文艺复兴和民间创作的传统的热爱。弥尔顿在自己初期的一些抒情诗中，如"愉快的人"、"幽思的人"，就表现出了是一个反对反人民的沙龙文学的独具一格的诗人。

1638年，弥尔顿开始旅行，他访问过法国、意大利和瑞士。英国爆发革命的消息，促使弥尔顿加速返归祖国。自1641年起，弥尔顿献身于反君主政体和主教的斗争，主要是从事写作政论文章、历史著作和宗教著作。在英国资产阶级革命发展的过程中，弥尔顿接近了独立派，并且支持他们争取共和国的斗争。在克伦威尔摄政时期，弥尔顿担任了国家的重要职务，处理外交文件。他在这一时期所写的名著有《论出版自由》(1644)、《偶像破坏者》(1649)(他在这本书中论证了人民有审判和处死君主的权利)、《为英国人民声辩》(两卷，1650—1654)，以及其他一些充满革命的爱国主义的政论文章。弥尔顿在这些著作中支持共和制度，但是他反对把革命进一步深入下去，而且不能理解克伦威尔击溃起义的爱尔兰的反动意义。在革命的后期，弥尔顿开始写作宗教论文《论基督教教义》(1655—1660脱稿，1825年出版)。在这一部著作中，他的唯物主义的倾向同他的清教徒观点发生了矛盾。在斯图亚特王朝复辟以前不久，弥尔顿再一次坚决表明了自己深深痛恨封建专制的反动势力的态度(见“建立自由共和国的捷径”一文)。

斯图亚特王朝复辟时期，弥尔顿虽然遭到君主主义者的迫害，但是并没有向君主政体妥协。这时，他过着穷苦困顿的生活，而且双目失明(由于长期患眼疾)。在60年代，他创作了优秀的长诗《失乐园》(1667)、《复乐园》(1671)和悲剧《力士参孙》(1671)。他通过当时英国独树一帜的古典圣经文体，利用旧约和新约的形象反映出资产阶级革命的经验，表现了人民群众的愤慨心情，以及他们对君主政体和各式各样的压迫的仇恨。别林斯基认为长诗《失乐园》是“对打倒权威的起义的颂扬”(《别林斯基选集》，三卷集，第3卷第792页)。但是，弥尔顿在描画天使们反抗上帝暴政的伟大斗争时，同时在亚当的形象中表现出了清教徒的顺从。在对待革命暴力的矛盾态度上，在关于道德完美和宗教教育的原则上，都表现出了弥尔顿的资产阶级世界观的局限性。不过，在《力士参孙》这部悲剧中，弥尔顿在刻画一个用生命的代价战胜敌人的大力士的形象时，号召人们为反抗复辟的压迫而斗争，为解放英国人民而立功。在写作诗歌的同时，弥尔顿还著作了《英国史》(共6卷，1670年出版)和《莫斯科国史》(1682年出版)。

弥尔顿在发展英国文学进步的传统上，曾起过极其伟大的作用。他为战斗性的政论文章和哲学政治诗歌奠定了基础。革命的浪漫主义者雪莱和英国参加宪章运动的诗人们，都给过弥尔顿很

高的评价。现在(20 世纪中叶)英国进步史学家和评论家正在为反对反动派伪造弥尔顿的遗著而斗争。

(译自《苏联大百科全书》第 47 卷)

图书在版编目(CIP)数据

论出版自由:阿留帕几底卡/(英)约翰·弥尔顿著;吴之椿译.—北京:商务印书馆,2024
(汉译世界学术名著丛书:120年纪念版:珍藏本:增订本)
ISBN 978-7-100-23747-5

Ⅰ.①论… Ⅱ.①约…②吴… Ⅲ.①出版自由—研究 Ⅳ.①G230

中国国家版本馆 CIP 数据核字(2024)第 077816 号

汉译世界学术名著丛书
(120 年纪念版·珍藏本·增订本)
论出版自由
阿留帕几底卡
〔英〕约翰·弥尔顿 著
吴之椿 译

商 务 印 书 馆 出 版
(北京王府井大街 36 号 邮政编码 100710)
商 务 印 书 馆 发 行
北京市十月印刷有限公司印刷
ISBN 978-7-100-23747-5

2024 年 5 月第 1 版　　开本 710×1000 1/16
2024 年 5 月北京第 1 次印刷　　印张 4¼
定价:22.00 元